Standard Deutsch 5/6

Leseheft · *Abenteuer*

Erarbeitet von Tanja Rencker-Stäpeler

Illustriert von Christiane Grauert

Cornelsen

Textquellenverzeichnis:
S. 6 Abenteuer. Nach: de.wikipedia.org/wiki/Abenteuer (Stand vom 10.11.2008)
S. 8 ff. Cornelia Funke, Herr der Diebe. Cecilie Dressler Verlag, Hamburg 2000, S. 29 ff.
S. 19 ff. Uwe Timm, Der Schatz auf Pagensand. Verlag Nagel & Kimche, Zürich, München 1995, S. 12 ff. **S. 24** Fredrik Vahle, Die Meeresmuschel. Aus: Hans-Joachim Gelberg (Hg.), Großer Ozean. Gedichte für alle. Beltz Verlag, Weinheim und Basel 2000, S. 182 **S. 26 ff.** Edward Packard, Die Insel der 1000 Gefahren. Ravensburger Buchverlag, Ravensburg 2003, S. 7 ff. **S. 31 ff.** Daniel Defoe, Robinson Crusoe. Gerstenberg Verlag, Hildesheim 1999, S. 21 ff. **S. 40 f.** Gottfried August Bürger, Die Reise im Fisch. Nach: Gottfried August Bürger, Münchhausen. Der Lügenbaron. Wunderbare Reisen zu Wasser und zu Lande, Feldzüge und lustige Abenteuer des Freiherrn von Münchhausen. Verlag Karl Müller, Erlangen, S. 103 f. **S. 44 f.** Gerda Anger-Schmidt, Drei gefährliche Piraten. Aus: Hans-Joachim Gelberg (Hg.), Großer Ozean. Gedichte für alle. Beltz Verlag, Weinheim und Basel 2000, S. 79 **S. 47 f.** Yannik geht die Wände hoch. Nach: www.mv-online.de/aktuelles/klaro/aktuell/Vincent_geht_die_Waende_hoch.html (Stand vom 8.12.2008) **S. 54 f.** Peter Stenz, Kompass – so kommst du draußen zurecht. Nach: www.br-online.de/kinder/fragen-verstehen/wissen/2004/00736/ (Stand vom 8.12.2008)

Bildquellenverzeichnis:
S. 48 © Klaus Eppele – Fotolia.com **S. 51** oben: Weidmann/mediacolor's, Zürich
S. 51 unten: (Hochseilgarten) Bildagentur Geduldig, Maulbronn **S. 55** © Patrizier-Design – Fotolia.com

Redaktion: Annika Kusumi, Susanne Schulze
Bildrecherche: Angelika Wagener
Umschlaggestaltung: Visuelle Gestaltung Katrin Pfeil, Mainz
Layout und technische Umsetzung: Annika Preyhs für Buchgestaltung+, Berlin

www.cornelsen.de
www.oldenbourg-bsv.de

1. Auflage, 1. Druck 2009

Druck: CS-Druck CornelsenStürtz, Berlin

ISBN 978-3-06-061837-8

Inhalt gedruckt auf säurefreiem Papier aus nachhaltiger Forstwirtschaft.

Inhaltsverzeichnis

Was ist ein Abenteuer?

1 Abenteuer – woran denkst du, wenn du das Wort liest? Sammle deine Ideen in dem Cluster.

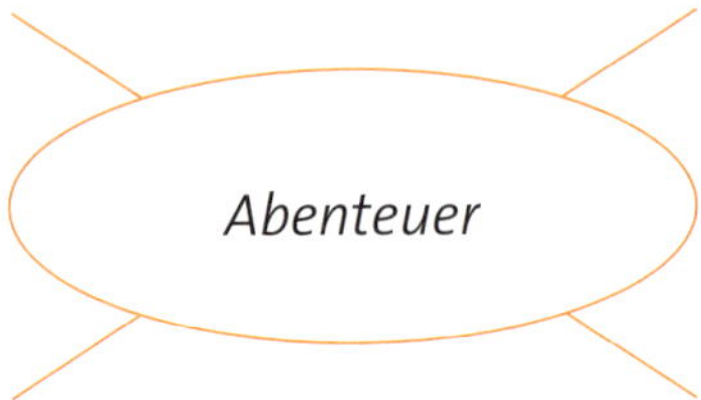

Schülerinnen und Schüler der St.-Barbara-Schule in Köln haben 100 Mitschülerinnen und Mitschüler auf dem Schulhof befragt, was sie mit dem Begriff „Abenteuer“ verbinden.

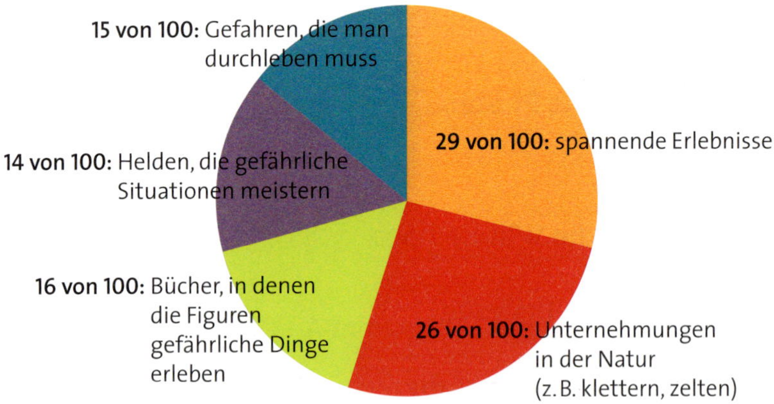

2 Sieh dir das Diagramm an. Formuliere eine Überschrift und schreibe sie über das Diagramm.

3 Was verbinden die meisten Schülerinnen und Schüler mit dem Begriff „Abenteuer"? Lies die Information aus dem Diagramm ab und schreibe auf.

____

4 Welche Aussagen zum Diagramm sind richtig? Kreuze an.

- ☐ 26 von 100 Schülerinnen und Schülern denken bei „Abenteuer" an Unternehmungen im Wald, in den Bergen oder am Meer.
- ☐ Den wenigsten Schülerinnen und Schülern fallen Bücher ein, in denen Figuren gefährliche Dinge erleben.
- ☐ 15 von 100 Schülerinnen und Schülern finden, dass es ein Abenteuer ist, wenn man Gefahren durchleben muss.
- ☐ 14 von 100 Schülerinnen und Schülern denken an Helden in Kinofilmen.

5 **a)** Welcher Gruppe der befragten Schülerinnen und Schüler würdest du dich anschließen?
Sieh noch einmal im Cluster auf Seite 4 nach und kreise die Gruppe im Diagramm ein.

b) Welche deiner Ideen wurden von den Schülerinnen und Schülern nicht genannt? Markiere im Cluster.

6 Wie nennt man diese Diagramm-Art? Kreuze an.

- ☐ Säulendiagramm
- ☐ Kreisdiagramm
- ☐ Kurvendiagramm
- ☐ Balkendiagramm

1 Der folgende Text ist ein Lexikonartikel zu dem Begriff „Abenteuer". Was erwartest du von einem Lexikonartikel? Kreuze an.

- ☐ Ich finde die englische Übersetzung von „Abenteuer".
- ☐ Der Begriff „Abenteuer" wird genau erklärt.
- ☐ Ein spannendes Abenteuer wird erzählt.

2 Lies den Text und überprüfe deine Aussage.

Abenteuer (lat.: adventura = Ereignis; mittelhochdt.: aventiure). Als Abenteuer wird eine Unternehmung bezeichnet, die risikoreich und gefährlich ist. Der Begriff wird weiterhin verwendet für Erlebnisse, die sich stark vom Alltag unterscheiden.

Ein Abenteuer kann auch ein Bericht von einem solchen Erlebnis oder einer solchen Unternehmung sein. Dabei muss das, was berichtet wird, nicht wirklich geschehen sein.

Die Risiken und Gefahren bei einem Abenteuer machen den Verlauf spannend und den Ausgang ungewiss.

Eine Person, die ein Abenteuer durchsteht, meistert oder durchlebt, nennt man Abenteurer.

Es gibt viele aufgeschriebene und schon sehr alte Abenteuer. Hierzu gehören z. B. die mittelalterlichen Erzählungen von Ritter- und Heldentaten.

Vor allem Entdeckungsreisen sind auch immer zugleich Abenteuer gewesen. Als Beispiele seien hier die Fahrten der Spanier und Portugiesen genannt, die zur Entdeckung Amerikas und der Philippinen geführt haben. Heute wird die Raumfahrt oft als „größtes Abenteuer der Menschheit" bezeichnet.

In der Literatur kommt das Abenteuer in Form von Abenteuerromanen vor.

3 Kreise unbekannte Wörter ein und kläre ihre Bedeutung durch Nachdenken, Nachfragen oder Nachschlagen.

4 Lies den Text noch einmal. Markiere Schlüsselwörter und unterstreiche wichtige Informationen zu den Schlüsselwörtern.

5 Stelle die Informationen zum Begriff „Abenteuer" in einer Mindmap zusammen.

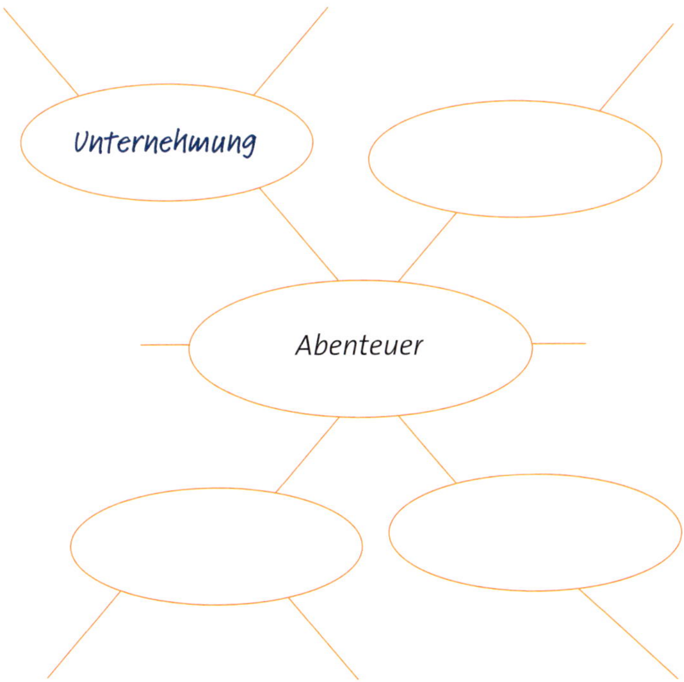

Auf der Suche nach großen Schätzen

Cornelia Funke

Herr der Diebe

Das Jugendbuch „Herr der Diebe“ von Cornelia Funke erzählt von dem zwölfjährigen Prosper und seinem kleinen Bruder Bonifazius, genannt Bo.
Die beiden Brüder sollen nach dem Tod ihrer Eltern voneinander getrennt werden. Deshalb sind sie von Hamburg nach Venedig ausgerissen.
In Venedig freunden sie sich mit den Straßenkindern Wespe, Mosca und Riccio an, die im Zuschauerraum des aufgegebenen und baufälligen Kinos „Stella“ leben.
Der Anführer der Straßenkinder ist Scipio und wird auch der „Herr der Diebe“ genannt. Er taucht nur alle paar Tage bei ihnen auf und liefert gestohlene Antiquitäten* ab, die die Kinder weiterverkaufen.

1 Lies den folgenden Buchauszug.
Markiere die Namen der Figuren, die im Text vorkommen.

Sie alle hatten ihren Schlafplatz im hinteren Teil des Kinos, dicht beieinander, denn nachts, wenn sie die Lichter gelöscht und die letzte Kerze ausgeblasen hatten, füllte sich der große, fensterlose Saal mit solcher Schwärze, dass sie sich alle käferklein und verloren fühlten. Gegen das Gefühl half nur die Wärme der anderen. Riccios Matratze war bedeckt mit zerfledderten Comic-Heften, und in seinem Schlafsack steckten so viele Stofftiere, dass er gerade noch selbst hineinpasste. Moscas Bett erkannte man an der Werkzeugkiste und den Angelruten, zwischen denen er

* **die Antiquität:** wertvoller, alter Gegenstand

schlief. Außerdem lag unter seinem Kissen sein größter Schatz, sein Glücksbringer: ein kupfernes Seepferd, das genauso aussah wie die Seepferde, die die meisten Gondeln* schmückten. Mosca schwor, dass er es keineswegs von einer Gondel gestohlen, sondern aus dem Kanal hinter dem Kino gefischt habe. „Glücksbringer, die man gestohlen hat", sagte er, „bringen nur Unglück. Das weiß doch jeder."

Bo und Prosper teilten sich eine Matratze. Dicht aneinandergedrängt schliefen sie darauf. Neben dem Kopfende lag, sorgfältig aufgereiht, Bos Plastikfächersammlung: sechs Stück, alle noch gut erhalten. Am schönsten fand Bo immer noch den, den Prosper am Tag ihrer Ankunft am Bahnhof gefunden hatte.

Der Herr der Diebe schlief nie bei seinen Schützlingen im Sternenversteck. Keiner von ihnen wusste, wo Scipio die Nächte verbrachte, und er redete nicht darüber. Ab und zu machte er geheimnisvolle Andeutungen über eine verlassene Kirche, aber als Riccio ihm einmal nachgeschlichen war, hatte Scipio ihn dabei erwischt und war so wütend geworden, dass niemand seither gewagt hatte, ihm auch nur nachzusehen, wenn er sie verließ. Sie hatten sich daran gewöhnt: Ihr Anführer kam und ging, wie er wollte. Manchmal tauchte er drei Tage hintereinander auf, dann wieder sahen sie ihn fast eine Woche nicht.

* **die Gondel:** schmales Ruderboot in Venedig

Doch heute wollte er kommen. Fest versprochen hatte er es. Und wenn Scipio ankündigte, dass er kam, dann kam er auch. Wann, wusste man allerdings nie. Als Bo schon fast auf Prospers Schoß einschlief und die Zeiger von Riccios Wecker bald elf Uhr zeigten, krochen sie alle unter ihre Decken, und Wespe begann vorzulesen. Sonst tat sie das, damit sie einschliefen, um die Angst vor den Träumen zu verscheuchen, die in der Dunkelheit auf sie warteten. Aber an diesem Abend las Wespe, um sie wach zu halten, bis Scipio endlich kam. Die spannendste Geschichte suchte sie aus ihren Bücherbergen, während die anderen die Kerzen anzündeten, die in leeren Flaschen und Aschenbechern zwischen den Matratzen standen. In den einzigen Leuchter, den sie besaßen, steckte Riccio fünf ganz neue Kerzen, lang und schlank, aus bleichem Wachs.

„Riccio?", fragte Wespe, als alle schon gespannt um sie herumlagen und auf die Geschichte warteten. „Wo hast du denn die Kerzen her?"

Verlegen vergrub Riccio das Gesicht zwischen seinen Stofftieren. „Aus der Salute-Kirche", murmelte er. „Da liegen mindestens hundert oder tausend von den Dingern rum, da macht es doch wirklich nichts, wenn ich ab und zu ein paar mitnehme. Was sollen wir dafür unser schönes Geld ausgeben? Ehrenwort ... ", er grinste Wespe an, „ich werf der Jungfrau Maria auch immer für jede Kerze eine Kusshand zu."

Wespe verbarg seufzend das Gesicht in ihren Händen.

„Ach, komm, fang an zu lesen!", sagte Mosca ungeduldig.

„Kein Carabiniere* wird Riccio dafür verhaften, dass er ein paar Kerzen klaut, oder?"

* **der Carabiniere:** der Polizist

„Vielleicht aber doch!“, murmelte Bo und schmiegte sich gähnend an Prosper, der sich abmühte, die Löcher in den Hosen seines kleinen Bruders zu stopfen. „Riccios Schutzengel darf ihn nämlich dabei nicht beschützen. Beim Kirchenkerzenklauen, mein ich. Nee, das darf er ganz bestimmt nicht.“

„Ach, was! Blödsinn. Schutzengel!“ Riccio verzog verächtlich das Gesicht, aber etwas beunruhigt klang seine Stimme doch.

Fast eine Stunde las Wespe vor, während draußen die Nacht immer schwärzer wurde und all die, die die Stadt am Tag mit Lärm erfüllt hatten, längst in ihren Betten lagen. Aber irgendwann rutschte ihr das Buch aus den Fingern, und es fielen auch ihr die Augen zu. So schliefen sie alle tief und fest, als Scipio kam.

2 Was erfährst du über die Schlafplätze der einzelnen Kinder?

a) Unterstreiche Informationen dazu im Text.

b) Ordne die Gegenstände den Namen zu. Verbinde.

Stofftiere *Plastikfächer* *Werkzeugkiste* *Bücher*

Riccio *Mosca* *Bo* *Wespe*

kupfernes Seepferd *Comic-Hefte* *Angelruten*

c) Stell dir vor, du lebst mit den Kindern im alten Kino. Welche Gegenstände hast du an deinem Schlafplatz? Schreibe auf.

3 **a)** Eine Figur im Text hat keinen Schlafplatz im Kino. Wer ist das? Schreibe den Namen auf.

____

b) Wo schläft der Anführer? Kreuze die richtige Antwort an und notiere die Zeilenangabe der Textstelle.

☐	Der Anführer schläft bei einem Freund, von dem die anderen nichts wissen.	Z. ______
☐	Der Anführer schläft unter einer Brücke, weil er allein sein will.	Z. ______
☐	Niemand weiß, wo der Anführer schläft, weil er nie darüber spricht.	Z. ______

4 Wie fühlen sich die Kinder in der Nacht? Kreuze die richtige Antwort an und notiere die Zeilenangabe.

☐	Sie fühlen sich mutig und stark, weil sie schon allein wohnen.	Z. ______
☐	Sie fühlen sich klein und verloren in der Dunkelheit.	Z. ______
☐	Sie finden es aufregend, sich hier vor der Polizei zu verstecken.	Z. ______

5 Warum liest Wespe den Kindern an diesem Abend vor?

a) Suche die Stelle im Text, wo der Grund genannt wird, und unterstreiche sie.

b) Schreibe den Grund in einem Satz auf.

____

6 a) Wie stellst du dir den „Herrn der Diebe“ vor? Schreibe Stichwörter.

b) Lies weiter und vergleiche deine Vorstellung mit der Beschreibung des Anführers.

Prosper wusste nicht, was ihn geweckt hatte, Riccios Gemurmel im Schlaf oder Scipios leise Schritte. Als er hochfuhr, löste sich die schmale Gestalt aus der Dunkelheit, als träte sie aus einem bösen Traum. Kinn und Mund leuchteten hell unter der schwarzen Maske, die Scipios Augen verbarg. Die lange, gekrümmte Nase gab ihm das Aussehen eines gespenstischen Vogels. Ähnliche Masken hatten die Ärzte Venedigs getragen, als vor mehr als dreihundert Jahren die Pest* in der Stadt wütete. Totenvögel. Lächelnd zog der Herr der Diebe sich das unheimliche Ding vom Gesicht.

„Hallo, Prop“, sagte er und ließ das Licht seiner Taschenlampe über die schlafenden Gesichter der anderen streifen. „Tut mir leid, dass es so spät geworden ist.“

Prosper schob vorsichtig Bos Arm von seiner Brust und setzte sich auf. „Irgendwann erschreckst du noch jemanden zu Tode mit dieser Maske“, sagte er mit gesenkter Stimme. „Wie hast du dich wieder hier reingeschlichen? Diesmal hatten wir wirklich alles verriegelt.“

* **die Pest:** schlimme, ansteckende Krankheit, Seuche

Scipio zuckte die Achseln und fuhr sich mit schlanken Fingern durch das pechschwarze Haar. Es war so lang, dass er es meistens zu einem Zopf zusammenband. „Du weißt doch: Wo ich hineinwill, komme ich auch hinein."

Scipio, der Herr der Diebe.

Er war kaum älter als Prosper, obwohl er gern den Erwachsenen spielte, und ein ganzes Stück kleiner als Mosca, selbst mit den hochhackigen Stiefeln, die er immer trug. Viel zu groß waren sie ihm, aber immer auf Hochglanz poliert, schwarze Lederstiefel, schwarz wie die seltsame lange Jacke, ohne die man ihn nie zu Gesicht bekam. Die Schöße* reichten ihm bis an die Kniekehlen.

„Weck die anderen!", befahl Scipio in dem herablassenden Ton, den Wespe so hasste. Prosper beachtete ihn einfach nicht.

„Mich habt ihr schon geweckt!", brummte Mosca hinter ihnen und richtete sich gähnend zwischen seinen Angelruten auf. „Schläfst du nie, Herr der Diebe?"

Scipio antwortete nicht. Wie ein Gockel* schritt er durch den Kinosaal, während Mosca und Prosper die anderen wachrüttelten.

„Ich sehe, ihr habt aufgeräumt!", rief er. „Gut. Letztes Mal sah es hier aus wie in einem Schweinestall."

* **die Schöße:** Teil der Jacke

* **wie ein Gockel:** stolz wie ein Hahn

„Hallo, Scip!“ Bo krabbelte so hastig aus seinem Schlafsack, dass er fast über die eigenen Hände stolperte. Barfuß rannte er auf Scipio zu. Bo war der Einzige, der den Herrn der Diebe Scip nennen durfte, ohne dafür einen eisigen Blick zu ernten. „Was hast du diesmal gestohlen?“, fragte er aufgeregt. Wie ein junger Hund sprang er um Scipio herum. Mit einem Lächeln nahm der Herr der Diebe einen schwarzen Beutel von der Schulter.

„Hatten wir diesmal alles richtig ausgekundschaftet?“, fragte Riccio und kroch zwischen seinen Stofftieren hervor. „Sag schon.“ „Irgendwann küsst er ihm noch die Stiefel!“, murmelte Wespe, so leise, dass nur Prosper es hörte. „Aber ich für meinen Teil wäre froh, wenn der feine Herr nicht so oft mitten in der Nacht auftauchen würde.“ Sie warf Scipio einen nicht sehr freundlichen Blick zu, als sie die dünnen Beine in ihre Stiefel zwängte.

„Ich musste meine Pläne kurzfristig ändern!“, verkündete Scipio, sobald alle um ihn herumstanden, und warf Riccio eine zusammengefaltete Zeitung zu. „Lies vor. Seite vier. Ganz oben.“ Gespannt kniete Riccio sich auf den Boden und blätterte in den großen Seiten. Mosca und Prosper beugten sich über seine Schulter, aber Wespe blieb etwas abseits stehen und spielte mit ihrem Zopf herum.

„Spektakulärer Einbruch im Palazzo * *Contarini“*, las Riccio stockend vor. *„Wertvoller Schmuck und diverse Kunstgegenstände geraubt. Keine Spur von den Tätern!“* Erstaunt hob er den Kopf. „Contarini? Wir haben doch den Palazzo Pisani beobachtet.“

Scipio zuckte die Schultern. „Ich habe es mir eben anders überlegt. Der Palazzo Pisani kommt später. Er läuft ja nicht weg, oder? Im Palazzo Contarini ...“, er schwenkte den Beutel, den er mitgebracht hatte, vor Riccios Nase, „... war auch einiges zu holen.“

* **der Palazzo:** der Palast

Einen Augenblick lang weidete* er sich an den gespannten Gesichtern um ihn herum, dann hockte er sich im Schneidersitz vor den Sternenvorhang und schüttete den Inhalt des Beutels vor sich auf den Boden. „Den Schmuck habe ich schon verkauft", erklärte er, während die anderen andächtig näher traten. „Ich hatte noch ein paar Schulden zu begleichen, und neues Werkzeug brauchte ich auch, aber das hier ist für euch." [...]

* **sich weiden an:** schadenfroh zusehen

7 Was passiert in dem Textauszug auf den Seiten 13 bis 16? Zeichne die drei angegebenen Abschnitte in den Text ein und schreibe zu jedem Abschnitt einen Satz.

Abschnitt S. 13–14, Z. 84–120	
Abschnitt S. 14–15, Z. 121–149	
Abschnitt S. 15–16, Z. 150–174	

8 Welche Fragen zum Text fallen dir beim Lesen des Auszugs auf den Seiten 13 bis 16 ein? Schreibe sie auf und sprich darüber mit einer Lernpartnerin oder einem Lernpartner.

9 **a)** Lies noch einmal den Abschnitt mit der Beschreibung von Scipio, dem Herrn der Diebe.
Unterstreiche alle Informationen zu Scipio.

b) Ergänze den Steckbrief.

Steckbrief: Herr der Diebe

Name: ______________________

Alter: ______________________

Aussehen: – schmale Gestalt ______________________

____

____

____

Kleidung: ______________________

____

____

Verhalten: ______________________

____

Besonderes Merkmal: ______________________

____

10 Wie reagieren die Kinder auf den Herrn der Diebe, als er mitten in der Nacht zu ihnen ins Kino kommt?

a) Lies noch einmal von Seite 13, Zeile 84, bis Seite 15, Zeile 149, und markiere alle Namen.

b) Unterstreiche Textstellen, die zeigen, wie die einzelnen Kinder auf Scipio reagieren.

c) Ordne die Adjektive im Kasten in die Figurenskizze ein.

ärgerlich schläfrig freudig ruhig aufgeregt erschrocken unterwürfig abweisend

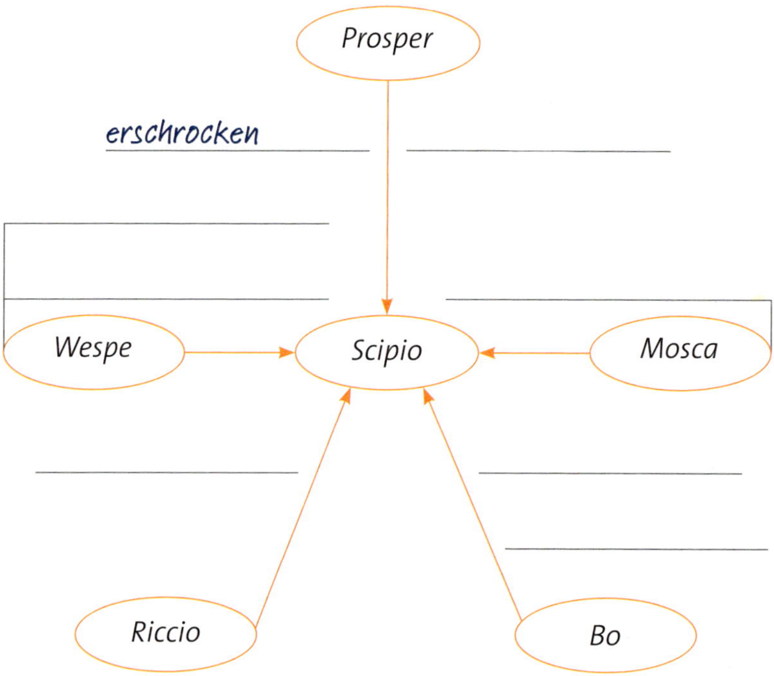

11 Was hat Scipio den Kindern wohl mitgebracht? Tauscht euch zu zweit über eure Ideen aus.

Tipp: Wenn du wissen willst, wie es weitergeht, besorge dir das Buch „Herr der Diebe“ von Cornelia Funke.

Uwe Timm

Der Schatz auf Pagensand

Kurz vor den Sommerferien sitzt Jutta in der Schule. Ihr Freund Benno bekommt in der Deutscharbeit wieder eine Sechs. Damit ist klar, dass Benno das Schuljahr nicht geschafft hat und zurück auf die Volksschule muss. Die letzten Tage in der Schule verbringt Benno damit, während des Deutschunterrichts in geschichtlichen Büchern aus der Schulbibliothek über die Elbe zu lesen.

1 Warum könnte sich Benno für geschichtliche Bücher über die Elbe interessieren?
Schreibe deine Vermutung in einem Satz auf.

Ich vermute, ______________________________

____

2 Lies den folgenden Auszug aus dem Buch „Der Schatz auf Pagensand" und überprüfe deine Vermutung.

In der Pause fragte ich: „Mensch, Benno, was liest du denn da?"
Benno zeigte uns das Buch.
Das war die eigentliche Überraschung – es war kein Abenteuerroman, es war ein Buch mit vielen Zeichnungen und Landkarten. Ein Buch, das Benno aus der Schulbibliothek ausgeliehen hatte. Es zeigte die Elbe zwischen Hamburg und der Nordsee. Das fand ich nun doch etwas übertrieben, dass Benno sich jetzt auch noch mit geschichtlichen Büchern auf den Geografieunterricht vorbereitete. Schließlich war ja schon Zeugnisschluss gewesen, und wir alle machten so wenig wie nur irgend möglich.
„Willst du dir noch eine Eins mit Stern holen?", fragte Jan.
„Quatsch. Ich such was."

„Was denn?"

„Da", sagte Benno und tippte auf eine Stelle der Elbkarte, „da muss er liegen."

„Wer?"

„Der Schatz."

„Welcher Schatz?"

„Na, Störtebekers Schatz."

Wir sahen uns an und dachten, jetzt ist er durchgedreht. Natürlich kannten wir die Geschichte von Störtebeker, dem Seeräuber, der vor gut 500 Jahren die Hamburger Schiffe gekapert* und dabei unermessliche Schätze erbeutet hatte, bis sein Schiff in der Elbmündung von einer Hamburger Kriegskogge* geentert* wurde. Störtebeker wurde gefangen und mit seinen Gefährten auf dem Grasbrook* hingerichtet. Zwei Schädel, auf Pfähle aufgespießt, kann man im Museum für Hamburgische Geschichte besichtigen. Benno hatte Georg, Jan und mir dazu eine wilde Geschichte erzählt.
Vor der Hinrichtung durfte Störtebeker einen letzten Wunsch äußern. Seine Bitte: Man möge seine Mannschaft in einer Reihe aufstellen, dann solle der Scharfrichter ihm den Kopf abschlagen, und diejenigen seiner Männer, an denen er ohne Kopf vorbeilaufen könne, die sollten freigelassen werden.

* **ein Schiff kapern:** ein Schiff erbeuten, ausrauben

* **die Kogge:** großes Handels- oder Kriegsschiff

* **ein Schiff entern:** ein Schiff erobern

* **der Grasbrook:** Platz an der Einfahrt zum Hafen der Stadt Hamburg

„Stimmt das wirklich?"

„Ja doch."

Der Henker Rosenblatt riss also Störtebeker den Kragen herunter, schnitt ihm das Haar im Nacken kurz, dann schlug er Störtebeker den Kopf ab, und der Körper von Störtebeker lief tatsächlich los, lief an sechs seiner Leute vorbei und wäre noch weitergelaufen, hätte ihm nicht ein Ratsherr ein Bein gestellt.

„Quatsch", sagte Jan, „das geht doch gar nicht."

„Hast du nie gesehen, wie Hühner, denen der Kopf abgeschlagen wird, noch weiterfliegen?"

„Stimmt", sagte Georg, der auf einem Bauernhof aufgewachsen war.

„Und der Schatz?"

Der Schatz war weg. Dabei hatte Störtebeker dem Hamburger Senat angeboten, wenn man ihn und seine Leute freiließe, wolle er eine Kette aus purem Gold um die ganze Stadt legen.

„Viele Leute haben den Schatz gesucht, niemand hat ihn gefunden, aber ich weiß, wo er liegt", sagte Benno.

Georg kriegte vor Staunen den Mund nicht mehr zu. [...]

3 Warum liest Benno in geschichtlichen Büchern über die Elbe? Beantworte die Frage nun mit Hilfe des Textes.

____

____

____

____

4 Kreise im Text unbekannte Wörter ein und kläre ihre Bedeutung durch Nachdenken, Nachfragen oder Nachschlagen.

5 Zeichne die vier angegebenen Abschnitte in den Text ein und notiere für jeden Abschnitt eine passende Überschrift.

1. Abschnitt (Z. 1–21)	______
2. Abschnitt (Z. 22–31)	______
3. Abschnitt (Z. 32–50)	______
4. Abschnitt (Z. 51–58)	______

6 In welcher Erzählform ist der Text geschrieben? Kreuze an.

☐ Ich-Form ☐ Er/Sie-Form

7 Was erfährst du im Text über den berühmten Seeräuber Störtebeker?

a) Lies noch einmal den 2. Abschnitt auf Seite 20 und unterstreiche die Informationen zu Störtebeker.

b) Notiere Stichwörter zu Störtebekers Leben.

Der Seeräuber Störtebeker

– kaperte vor 500 Jahren Hamburger Schiffe

______

______

______

______

c) Suche im Internet weitere Informationen über Störtebeker. Welche Suchwörter solltest du in die Suchmaschine eingeben? Notiere.

---

8 Benno behauptet, er wisse, wo der Schatz liegt. Sieh dir die Karte aus Bennos Buch genau an und zeichne ein, wo sich der Schatz befinden soll.

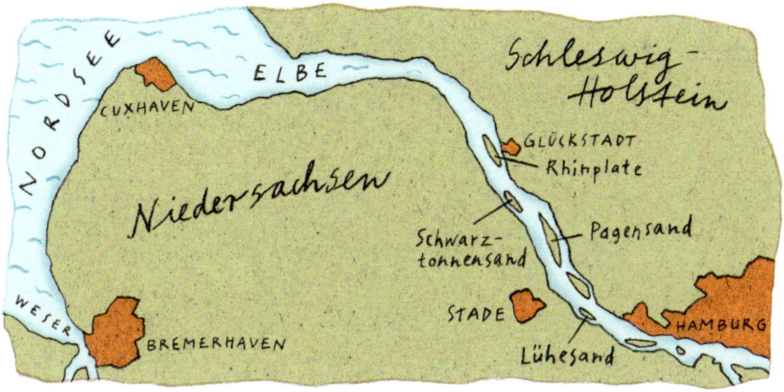

9 Was könnte weiter in der Erzählung von Uwe Timm passieren? Notiere deine Ideen in Stichwörtern und erzähle sie einer Lernpartnerin oder einem Lernpartner.

Tipp: Wenn du weiterlesen willst, besorge dir das Buch „Der Schatz auf Pagensand" von Uwe Timm.

Auf fernen Meeren und einsamen Inseln

Fredrik Vahle

Die Meeresmuschel

Die Meeresmuschel
kommt von weit her.
Jemand hat sie dir mitgebracht,
und du freust dich.
In der Muschel
hörst du es rauschen, das weite Meer.
Hinter dem Meer rauschen sieben andere Meere,
und hinter den sieben Meeren
liegt eine Insel
mit schwarzem Sand und weißen Häusern.
Vor einem Haus
steht ein großer Baum,
und neben dem Baum steht ein kleiner Junge.
Die Blätter am Baum verwandeln sich in Vögel
und fliegen davon.
Die Meeresmuschel
kommt von weit her,
hineinhören kannst du –
da klingen … Stimmen aus Wasser
und Stimmen aus Wind
und Geschichten
von Seesternen und Mondfinsternissen
und Schiffen, die fahren ans Ende der Welt.
Die Muschel macht die Ferne nah,
du hörst sie rauschen
an allen Enden
und hältst sie
in deinen eigenen Händen.

1 **a)** Lies die Überschrift des Gedichts. Welche Wörter fallen dir dazu ein? Schreibe deine Ideen in die Mindmap.

b) Lies das Gedicht. Welche deiner Wörter findest du im Gedicht wieder? Unterstreiche sie in der Mindmap.

2 **a)** Lies das Gedicht noch einmal und markiere alle Nomen.

b) Ergänze die Mindmap mit passenden Nomen aus dem Gedicht.

3 Untersuche den Aufbau des Gedichts.

a) Das Gedicht hat keine Strophen, aber du kannst es in vier Abschnitte gliedern. Zeichne die vier Abschnitte ein.

b) Das Gedicht hat nur einen Reim. Suche den Reim und kreise die Reimwörter ein.

4 Lies noch einmal den letzten Abschnitt des Gedichts.
- Was bedeutet der Satz „Die Muschel macht die Ferne nah“ (Vers 24)?
- Warum betont der Autor die Aussage „und hältst sie in deinen eigenen Händen“ (Vers 27–28)?

Sprich darüber mit einer Lernpartnerin / einem Lernpartner.

5 Schreibe ein Akrostichon, Elfchen oder Haiku zum Thema „Meer“. Nutze dazu Wörter aus der Mindmap.

1 Der folgende Text ist der Anfang eines ganz besonderen Abenteuerromans.

a) Lies die Überschrift des Romans und schau dir das Bild auf der Seite 27 an. Worum könnte es in dem Roman gehen? Schreibe einen Satz.

In dem Roman geht es vermutlich um ______________________

____

b) Lies den Text und überprüfe deine Vermutung.

Edward Packard

Die Insel der 1000 Gefahren

Du stehst an Deck eines großen Schiffs, das von San Francisco in den Pazifik ausläuft, und schaust zurück auf die Golden-Gate-Brücke. Man hat dich eingeladen, Doktor Carleton Frisbee auf einer Expedition* zu den Galapagos-Inseln* zu begleiten. Dr. Frisbee macht für Zoos Forschungsarbeiten über Schildkröten. Er weiß so ziemlich alles über Schildkröten.

Die Reise macht dir viel Spaß. Aber eines Tages, als du dich gerade gemütlich in deinem Liegestuhl räkelst und den Fliegenden Fischen zuschaust, siehst du plötzlich, wie eine riesige Welle auf das Schiff zukommt.

Die Welle ist durch ein Erdbeben irgendwo am Meeresboden ausgelöst worden. Sie rollt über das Wasser genau auf dich zu. Euer Schiff wird höher und höher gehoben. Und dann fegt das Wasser schäumend über Deck*. Zum Weglaufen ist es zu spät, und du schaffst es gerade noch, dich an deinen Liegestuhl zu klammern.

* **die Expedition:** die Forschungsreise

* **die Galapagos-Inseln:** Inseln im Pazifischen Ozean, westlich von Ecuador

* **das Deck:** der obere Teil des Schiffes

In Sekundenschnelle wirst du über Bord* gespült, hängst oben in der Welle, reitest auf der gigantischen Woge, fliegst auf einer Wolke aus Wasser. Das Einzige, was du durch den Schaum und die Gischt sehen kannst, sind deine Hände, die den Liegestuhl fest umklammert halten. Dann merkst du noch, wie du auf der Rückseite der Welle hinabgleitest. Deine nächste Erinnerung ist, dass du aus einem tiefen Schlaf aufwachst.
Ob du das alles nur geträumt hast? Aber du weißt, dass es kein Traum gewesen sein kann. Anstatt in deinem Bett liegst du nämlich hoch oben auf einer riesigen Sanddüne*. Hinter dir siehst du einen breiten, leicht abfallenden Strand. Du schaust zu, wie die schäumenden Wellen gegen ihn klatschen. Vor dir liegt eine Wiese aus hohem Schilfrohr, umgeben von hohen, felsigen Hügeln. Du bist hungrig und durstig. Du schaust auf das Meer und siehst nichts als endloses blaues Wasser. Bis auf ein paar Seemöwen, die über die Wellen segeln, bist du ganz allein.

Wenn du dich entscheidest, am Strand entlangzugehen, lies weiter auf Seite 28, Zeile 36.

Wenn du dich entscheidest, die felsigen Hügel hinaufzuklettern, lies weiter auf Seite 28, Zeile 47.

* **über Bord:** von dem Schiff runter

* **die Düne:** der Sandberg

Du gehst am Strand entlang. Der Sand ist so weich und heiß unter deinen Füßen, dass du hinuntergehst ans Meer, dorthin, wo der Sand sich kühl und fest anfühlt. Du gehst immer weiter, und oft hast du das Gefühl, es endlich geschafft zu haben – aber dann kommt ein neues Stück Strand. Du bist hungrig und durstig und so müde, dass du kaum noch gehen kannst. Da siehst du plötzlich, wie gleich neben deinem Fuß Wasser aus dem Sand sprudelt. Du gräbst ein bisschen und holst eine Muschel hervor, und dann noch eine. Du brichst die Schale auf und nimmst das fleischige Stück heraus. Es sieht nicht sehr appetitlich aus.

A Wenn du dich entscheidest, die Muscheln zu essen, lies weiter auf Seite [...]

B Wenn du dich entscheidest, die Muscheln nicht zu essen, lies weiter auf Seite [...]

Du gehst auf den felsigen Hügel zu und kommst dabei durch eine sumpfige Wiese. Vorsichtig hältst du nach Schlangen Ausschau. Du findest ein paar leckere Beeren, die deinen Durst löschen und dich etwas stärken. Du gehst weiter und kletterst immer höher. Dabei wird dir klar, dass du über ziemlich steil und gefährlich aussehende Felsen klettern musst, wenn du den Gipfel erreichen willst.

C Wenn du dich entscheidest, auf die steilen Felsen zu klettern, lies weiter auf Seite [...]

D Wenn du dich entscheidest, zu den Beeren zurückzugehen und dort über Nacht zu bleiben, lies weiter auf Seite [...]

2 Was ist das Besondere an dem Abenteuerroman „Die Insel der 1000 Gefahren“? Ergänze die zwei Sätze.

Das Besondere an diesem Roman ist, dass ______________________

____

Der Aufbau des Romans erinnert mich an ______________________

____

3 **a)** Lies den Text von Seite 26 bis 27 noch einmal und markiere Informationen zur Beantwortung der W-Fragen mit verschiedenen Farben.

b) Beantworte die W-Fragen in Stichwörtern.

Wer?	______________________
Wo?	______________________ ______________________
Was?	______________________
Wann?	______________________
Was passiert?	______________________ ______________________
Wie endet der Auszug?	______________________ ______________________

Auf fernen Meeren und einsamen Inseln

4 Schreibe eine Fortsetzung der Abenteuergeschichte.

a) Lies noch einmal die Möglichkeiten auf Seite 28 und entscheide dich für A, B, C oder D.

b) Überlege, wie die Geschichte bei deiner Entscheidung weitergehen könnte. Notiere deine Ideen in dem Cluster.

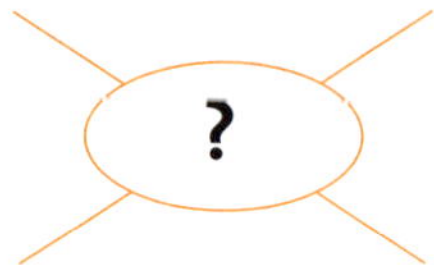

c) Lege in deinem Heft einen Schreibplan an und schreibe eine Fortsetzung.
Verwende dabei weiter die Du-Form und das Präsens.

5 Welcher Meinung zu diesem besonderen Buch würdest du dich anschließen? Kreuze an.

☐ Bei den vielen Möglichkeiten weiterzulesen kommt man völlig durcheinander. Ich lese lieber einmal von vorn nach hinten, ohne ständig rumzublättern.

☐ Ich finde gut, dass hier ganz viele Geschichten in einer sind. Da wird das Buch nicht langweilig.

☐ Ich finde es super, dass ich bei diesem Buch selber entscheiden kann, wie es weitergeht.

Daniel Defoe

Robinson Crusoe

1 Was weißt du bereits über Robinson Crusoe? Notiere Stichwörter.

Der berühmte Abenteuerroman „Robinson Crusoe“ von Daniel Defoe erzählt die Geschichte des Seefahrers Robinson Crusoe. Robinson wurde 1632 in England geboren. Im Alter von 19 Jahren verließ er seine Familie ohne Abschied und ging zur See. Er erlebte viele Abenteuer, bis er mit seinem Schiff in einen großen Sturm geriet und als einziger Überlebender auf einer einsamen Insel landete.

2 Lies den folgenden Romanauszug bis Seite 33 über Robinsons erste Tage auf der Insel.

Schiffbrüchig!

Ich dankte Gott für meine Rettung und dachte an meine Kameraden, von denen wohl keiner überlebt hatte. Ich war nass, hatte keine trockene Kleidung und nichts zu essen und zu trinken. Ich besaß keine Waffen, um für meine Nahrung ein Tier zu erlegen oder mich selbst zu verteidigen. Ich lief eine Viertelmeile landeinwärts und fand zu meiner großen Freude Trinkwasser.

Als die Nacht einbrach, fiel mir nichts Besseres ein, als auf einen Baum zu steigen und darüber nachzudenken, welchen Tod ich sterben müsste, weil ich so gar keine Überlebensmöglichkeit sah.

Das Wrack*

Am helllichten Tag wachte ich bei klarem, windstillem Wetter auf. Das Schiff erhob sich über dem Sand und war fast bis zu dem Felsen getrieben, gegen den ich so heftig geschleudert worden war. Es schien aufrecht zu stehen, und ich wollte gerne an Bord*, um einige Dinge zu retten, die ich gut gebrauchen konnte.

Kurz nach Mittag war die Flut so weit zurückgegangen, dass ich bis auf eine Viertelmeile an das Schiff herankommen konnte. Hätten wir alle heil an Bord bleiben können, wäre es mir jetzt nicht so elend gegangen, so ganz allein. Ich musste weinen, aber das half auch nichts, und ich beschloss, wenn irgend möglich, zum Schiff zu kommen. Ich zog mein Hemd aus, denn es war heiß, und stieg ins Wasser.

Als ich das Schiff erreichte, wusste ich nicht, wie ich an Bord gelangen sollte. Es ragte hoch aus dem Meer, und ich fand nichts, womit ich es erklettern konnte. Ich schwamm zweimal darum herum, und erst beim zweiten Mal entdeckte ich ein Tau*. Mit großer Mühe bekam ich es zu fassen und zog mich hoch aufs Vorderdeck*.

Zuerst schaute ich nach, was zerstört und was ganz geblieben war. Die Vorräte waren noch trocken, und ich stopfte meine Taschen mit Zwieback voll, den ich während der Suche nach anderen Dingen aß.

Es gab mehrere unbeschädigte Balken und ein oder zwei heile Stengen*. Ich warf sie von Bord und kletterte vom Schiff. Ich schnürte sie zu einem Floß zusammen, auf dem ich gut gehen konnte und das einiges Gewicht aushielt.

* **das Wrack:** kaputtes Schiff
* **an Bord:** auf das Schiff
* **das Tau:** starkes Seil
* **das Vorderdeck:** der vordere obere Teil des Schiffes
* **die Stenge:** die Stange, Teil vom Mast des Segelschiffes

Zuerst holte ich mir drei Seemannskisten, von denen ich eine mit Proviant* füllte, und ich fand auch fürs Erste genügend Kleidung. Nach langem Suchen fand ich die Kiste des Zimmermanns*, die mir mehr wert war als eine Schiffsladung Gold. In der großen Kajüte* befanden sich zwei Vogelflinten, zwei Pistolen, ein kleiner Beutel Sprengladung und zwei alte, rostige Schwerter. Ich fand drei Fässer mit Schießpulver, zwei waren trocken, das dritte war nass geworden. Wir hatten zwei Katzen und einen Hund an Bord. Ich nahm die beiden Katzen, und der Hund sprang allein vom Schiff und schwamm mit mir an Land. [...]

Dann erkundete ich die Umgebung und suchte einen geeigneten Ort für meine Bleibe. Keine Meile entfernt lag vor mir ein sehr hoher und steiler Berg. Mit großer Mühe stieg ich auf die Spitze und sah, dass ich auf einer Insel war, ringsum von Wasser umgeben. Sie war karg und höchstwahrscheinlich unbewohnt.

Ich kehrte zu meinem Floß zurück und schleppte meine Ladung an den Strand. Ich verbarrikadierte* mich mit den Kisten und Brettern und baute für die nächtliche Unterkunft eine Art Hütte. [...]

In den folgenden 13 Tagen kletterte ich elfmal an Bord des Schiffes und holte alles, was ein einzelner Mann überhaupt tragen kann. Beim zwölften Mal fand ich einige europäische Münzen und einige Piaster*, ein bisschen Gold und Silber. Beim Anblick des Geldes musste ich lächeln und sagte laut: „Ach, du Droge, wozu bist du nütze! Ich kann dich nicht gebrauchen und lasse dich hier." Aber nach kurzem Überlegen steckte ich das Geld doch ein. In dieser Nacht wehte ein heftiger Wind, und als ich mich am Morgen umschaute, war tatsächlich kein Schiff mehr zu sehen.

* **der Proviant:** die Verpflegung, das Essen
* **der Zimmermann:** der Handwerker
* **die Kajüte:** der Wohnraum auf einem Schiff
* **sich verbarrikadieren:** etwas bauen, um sich zu schützen
* **der Piaster:** spanische Silbermünze

3 Lies noch einmal den Abschnitt „Schiffbrüchig!“ auf Seite 31. Wie fühlt sich Robinson nach seiner Rettung auf der Insel? Kreise passende Adjektive ein.

wütend traurig krank dankbar einsam müde

hoffnungslos glücklich gelangweilt ärgerlich

4 Was macht Robinson an seinem ersten Tag auf der Insel? Lies noch einmal von Seite 32, Zeile 12, bis Seite 33, Zeile 60.

a) Gliedere den Textauszug in acht Abschnitte. Trage die Zeilenangaben in die Tabelle ein.

b) Markiere in jedem Abschnitt Schlüsselwörter.

c) Schreibe zu jedem Abschnitt einen Satz in die Tabelle.

Abschnitt	Was macht Robinson am ersten Tag?
1. Abschnitt Z. 12 – 17	Robinson sieht das Schiff und plant, Sachen vom Schiff zu holen.
2. Abschnitt Z. ___ – ___	
3. Abschnitt Z. ___ – ___	Robinson klettert auf das Schiff.
4. Abschnitt Z. ___ – ___	
5. Abschnitt Z. ___ – ___	

6. Abschnitt Z. ___ – ___	______________________ ______________________
7. Abschnitt Z. ___ – ___	______________________ ______________________
8. Abschnitt Z. ___ – ___	______________________ ______________________

5 **a)** Was holt Robinson alles vom Schiff? Kreuze an.

☐ Essen	☐ Messer	☐ zwei Katzen
☐ Wein	☐ Schießpulver	☐ einen Papagei
☐ Kleidung	☐ ein Fernglas	☐ einen Hund
☐ Werkzeug	☐ Kerzen	☐ Geld
☐ Waffen	☐ Bücher	☐ Gold und Silber

b) Lies noch einmal auf Seite 33 nach und überprüfe deine Angaben.

6 Robinson sieht das Geld und sagt: „Ach, du Droge, wozu bist du nütze! Ich kann dich nicht gebrauchen und lasse dich hier." (Z. 66–67)
Was meint er damit? Schreibe mit deinen Worten auf.

____

____

____

7 Lies weiter, wie es Robinson auf der Insel ergeht.
Markiere wichtige Schlüsselwörter.

Auf einer einsamen Insel

Ich dachte lange darüber nach, was für eine Wohnung ich mir bauen sollte, ob eine Höhle oder ein Zelt, und bald entschloss ich mich für beides. Ich bedachte einige Dinge: erstens Gesundheit und Trinkwasser, zweitens Schutz vor Sonne, drittens Sicherheit vor räuberischen Lebewesen, ob Mensch oder Tier, viertens den Ausblick aufs Meer, um keine Möglichkeit auf Rettung zu verpassen.

Am Hang eines Berges fand ich eine kleine Ebene. Im Felsen war ein Loch wie bei einem Höhleneingang. Ich errichtete mein Zelt auf der ebenen Wiese vor dem Loch.

Bevor ich das Zelt aufbaute, setzte ich noch zwei Reihen dicker Pfähle. Dieser Zaun war so mächtig, dass weder Mensch noch Tier darüberkommen konnte. Als Eingang baute ich keine Tür, sondern eine kurze Leiter, um damit über den Zaun zu steigen. Wenn ich drinnen war, zog ich die Leiter hinter mir hinein. In diese Festung trug ich all meine Vorräte und Munition. Dann arbeitete ich mich in den Felsen vor und grub direkt hinter meinem Zelt eine Höhle aus, die mir als Keller diente. Es kostete mich etliche Tage Arbeit, bis alles so weit fertig war.

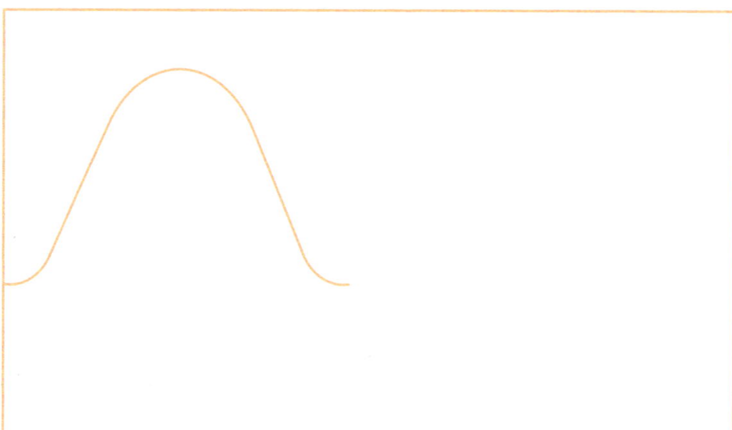

Mindestens einmal am Tag ging ich mit meinem Gewehr nach draußen. Bald entdeckte ich zu meiner großen Zufriedenheit Ziegen auf der Insel.
Nach etwa zehn oder zwölf Tagen fiel mir ein, dass ich die Zeitberechnung vergessen könnte. Um das zu verhindern, baute ich ein großes Kreuz, setzte es an die Stelle am Strand, wo ich zuerst gelandet war, und ritzte mit dem Messer in Großbuchstaben hinein:
AM 30. SEPTEMBER 1659 KAM ICH HIER AN LAND.
Jeden Tag schnitt ich mit meinem Messer eine Kerbe in den Pfahl, das war mein Kalender, und ich konnte wöchentlich, monatlich und jährlich die Zeit verfolgen.
Ich begann, ernsthaft über meine Situation nachzudenken, und erstellte eine Liste, in der ich die glücklichen Seiten meines Daseins* gegen die erbärmlichen* abwog. […]

* **das Dasein:** das Leben
* **erbärmlich:** schlecht

8 Wie organisiert Robinson sein neues Leben auf der Insel? Lies noch einmal den Auszug „Auf einer einsamen Insel".

a) Gliedere den Auszug in fünf Abschnitte. Trage die Zeilenangaben in die Tabelle ein.

b) Schreibe zu jedem Abschnitt einen Satz in die Tabelle.

Abschnitt	**Wie organisiert Robinson sein neues Leben?**
1. Abschnitt Z. 71 – 77	Robinson denkt über eine Wohnung nach.
2. Abschnitt Z. ___ – ___	
3. Abschnitt Z. ___ – ___	
4. Abschnitt Z. ___ – ___	
5. Abschnitt Z. ___ – ___	

9 An welche vier Dinge muss Robinson denken, wenn er seine Wohnung auf der Insel baut? Unterstreiche im Text.

10 Wie stellst du dir Robinsons Wohnung vor? Lies noch einmal auf Seite 36 nach und zeichne unter den Text eine Skizze von der Wohnung.

11 Im Text Z. 103–105 denkt Robinson über seine Situation nach und schreibt eine Liste über die guten und die schlechten Seiten seines Lebens auf der Insel. Wie könnte diese Liste aussehen?

Fertige eine Liste auf einem Blatt Papier an und tausche dich darüber mit einer Lernpartnerin oder einem Lernpartner aus.

schlecht	gut
Ich bin auf einer fürchterlich einsamen Insel gestrandet.	*Aber ich lebe und bin nicht wie alle meine Freunde ertrunken.*
Ich bin von der menschlichen Gesellschaft abgeschnitten.	*Aber ...*

12 Robinson lebt über 20 Jahre allein auf der Insel, bis er eines Tages Fußspuren von wilden Kannibalen entdeckt. Robinson rettet einen Gefangenen der Kannibalen und nennt ihn Freitag. Freitag wird sein Freund. Erst nach 28 Jahren und vielen Abenteuern auf der Insel wird Robinson schließlich gerettet.

Würdest du das Buch „Robinson Crusoe" gern lesen? Schreibe deine Meinung auf und begründe sie.

Ich würde das Buch gern / nicht gern lesen, weil __________

1 **a)** Lies die Überschrift der folgenden Erzählung. Worum könnte es in dem Text gehen? Schreibe deine Vermutung in Stichwörtern auf.

____

____

b) Lies die Erzählung und überprüfe deine Vermutung.

Gottfried August Bürger

Die Reise im Fisch

Einst war ich in großer Gefahr, im Mittelmeer umzukommen. Ich badete nämlich an einem Sommernachmittag unweit von Marseille in der angenehmen See, als ich einen großen Fisch mit weit aufgesperrtem Rachen in der größten Geschwindigkeit auf mich zuschießen sah. Zeit war hier schlechterdings nicht zu verlieren, auch war es durchaus unmöglich, ihm zu entkommen. Unverzüglich drückte ich mich so klein zusammen wie möglich, indem ich meine Füße heraufzog und die Arme dicht an den Leib presste. In dieser Stellung schlüpfte ich denn gerade zwischen seinen Kiefern hindurch bis in den Magen hinab. Hier brachte ich, wie man leicht denken kann, einige Zeit in gänzlicher Finsternis, aber doch in einer nicht unbehaglichen Wärme zu. Da ich dem Fisch nach und nach Magendrücken verursachen mochte, so wäre er mich wohl gern wieder los gewesen. Weil es mir gar nicht an Raum fehlte, so spielte ich ihm durch Tritt und Schritt, durch Hopp und Heh gar manchen Possen. Nichts schien ihn aber mehr zu beunruhigen als die schnelle Bewegung meiner Füße, da ich versuchte, einen schottischen Triller zu tanzen. Ganz entsetzlich schrie er auf und erhob sich fast senkrecht mit seinem halben Leib aus dem Wasser. Hierdurch wurde er aber von der Mannschaft eines vorbeisegelnden italienischen Handelsschiffes entdeckt und in wenigen Minuten mit Harpunen erlegt. Sobald er an Bord gebracht war, hörte ich die Mannschaft sich beratschlagen, wie sie ihn aufschneiden wollten, um die größte Quantität Öl zu gewinnen. Da ich nun Italienisch verstand, so geriet ich in die schrecklichste Angst, dass ihre Messer auch mich mit aufschneiden möchten. Daher stellte ich mich so gut wie möglich in die Mitte des Magens, worin für mehr als ein Dutzend Mann hinlänglich Platz war, weil ich mir wohl einbilden konnte, dass sie mit den Extremitäten den Anfang machen würden.

Meine Furcht verschwand indessen bald, da sie mit der Öffnung des Unterleibes anfingen. Sobald ich nun nur ein wenig Licht schimmern sah, schrie ich ihnen aus voller Lunge entgegen, wie angenehm es mir wäre, die Herren zu sehen und durch sie aus einer Lage erlöst zu werden, in der ich beinahe erstickt wäre. Unmöglich lässt sich das Erstaunen auf allen Gesichtern lebhaft genug schildern, als sie eine Menschenstimme aus einem Fisch heraus vernahmen. Die Verblüffung wuchs natürlich noch mehr, als sie lang und breit einen nackten Menschen herausspazieren sahen. Kurz, meine Herren, ich erzählte ihnen die ganze Begebenheit, so wie ich sie Ihnen jetzt erzählt habe, worüber sie sich denn alle fast zu Tode wundern wollten.

Nachdem ich einige Erfrischungen zu mir genommen hatte und in die See gesprungen war, um mich abzuspülen, schwamm ich weg, um meine Kleider zu suchen, die ich auch am Ufer ebenso wiederfand, als ich sie gelassen hatte. Soviel ich rechnen konnte, war ich ungefähr dreieinhalb Stunden in dem Magen dieser Bestie eingekerkert gewesen.

2 **a)** Kreise unbekannte Wörter im Text ein.

b) Suche die folgenden Wörter im Text und denke über ihre mögliche Bedeutung nach. Verbinde dann jedes Wort mit der richtigen Bedeutung.

der Leib (Z. 9)	Späße, Streiche
die Finsternis (Z. 13) →	der Körper
die Possen (Z. 18)	die Dunkelheit
der Triller (Z. 20)	Waffen zum Fischfang
die Harpunen (Z. 25)	ein Tanz
die Quantität (Z. 27)	das, was am Körper rausragt
die Extremitäten (Z. 33)	die Menge

c) Kläre alle weiteren Wörter, die du eingekreist hast, durch Nachdenken, Nachfragen oder Nachschlagen.

3 Zu welcher Textsorte gehört die Erzählung? Kreuze an.

☐ Fabel ☐ Märchen ☐ Lügengeschichte ☐ Sachtext

4 **a)** Lies die Erzählung noch einmal. Markiere Einleitung, Hauptteil und Schluss im Text und ergänze die Zeilenangaben in der Tabelle.

Einleitung:	**Hauptteil:**	**Schluss:**
Z. ____ – ____	Z. ____ – ____	Z. ____ – ____
	Höhepunkt: Z. ____ – ____	

b) An welcher Stelle im Hauptteil erreicht die Erzählung ihren Höhepunkt? Markiere die Textstelle und schreibe die Zeilenangabe in die Tabelle.

5 **a)** Unterstreiche Informationen zu den W-Fragen im Text.

Wer? *Wo?* *Wann?* *Was passiert?* *Wie endet die Erzählung?*

b) Stellt euch zu zweit die W-Fragen und beantwortet sie abwechselnd.

6 Was macht der Mann im Bauch des Fisches, um wieder herauszukommen?

a) Kreuze die richtigen Antworten an.

b) Nummeriere die Sätze in der richtigen Reihenfolge.

richtig		Reihenfolge
☐	Der Erzähler bringt den Fisch dazu, sich vor Schmerzen aus dem Wasser zu erheben, sodass er entdeckt und gefangen wird.	
☐	Der Erzähler kitzelt den Fisch mit seinen Haaren.	
☐	Der Erzähler verursacht dem Fisch durch Tritte Magenschmerzen.	
☐	Der Erzähler kramt sein Taschenmesser hervor und schneidet dem Fisch den Bauch auf.	
☐	Der Erzähler beunruhigt den Fisch durch einen Tanz in seinem Bauch.	

7 Bei der Erzählung handelt es sich um eine Lügengeschichte.

a) – Was könnte an der Erzählung wahr sein? Unterstreiche blau.
– Was ist eindeutig erfunden? Unterstreiche rot.

b) Tauscht euch zu zweit darüber aus.

Gerda Anger-Schmidt

Drei gefährliche Piraten

Drei gefährliche Piraten
traten auf als Akrobaten
– seidnes Wams und Pluderhosen,
tätowiert mit blauen Rosen –,

zeigten ihre Flammenkünste,
schluckten ganze Feuersbrünste,
gurgelten mit Spiritus,
warfen eine Muskatnuss

einem Stein gleich in die Luft,
nieder schwebte Blütenduft
und ein goldengelber Falter
mit Frack, Zylinder und Sockenhalter.

Sie zogen aus ihren Taschen
etwas später drei bauchige Flaschen.
Die erste hielt Wasser vom Ozean,
die zweite einen wilden Orkan,

die dritte einen schwimmenden Schrank
mit einer alten Ofenbank
und einer schlafenden Katze
mit einem Fisch in der Tatze.

Es kroch aus der Flasche der Orkan
und stürzte sich wild auf den Ozean.
Er peitschte ihn, wie es die Regel.
Da krümmt ein Pirat sich zum Segel,

der zweite plustert sich auf zum Schiff,
der dritte wird zum Korallenriff.
Dann winken und lachen sie zu uns her
und segeln hinaus aufs hohe Meer.

Zur Erinnerung an die Piraten
und ihre Wundertaten
bleibt uns der Schrank,
die Ofenbank
und jene schlafende Katze
mit ihrem Fisch in der Tatze.

Ahoi!

1 Lies die Überschrift des Gedichts auf Seite 44 und 45 und sieh dir die Bilder an. Worum könnte es in dem Gedicht gehen? Schreibe deine Vermutung in einem Satz auf.

In dem Gedicht „Drei gefährliche Piraten" geht es

vermutlich um

2 Lies das Gedicht und überprüfe deine Vermutung.

3 Nummeriere die Strophen des Gedichts und trage in jedes Bild die Nummer der zugehörigen Strophe ein.

4 Kreise Adjektive ein, die die Stimmung des Gedichts beschreiben.

ruhig heiter traurig lustig spannend gruselig eintönig

5 Welche Reimform hat das Gedicht?

a) Lies das Gedicht noch einmal laut und markiere die Reimwörter mit unterschiedlichen Farben.

b) Kreuze die richtige Reimform an.

☐ Kreuzreim ☐ Paarreim ☐ kein regelmäßiger Reim

6 Wie gefällt dir das Gedicht? Schreibe deine Meinung auf und begründe sie.

Ich finde das Gedicht

Abenteuer vor der Haustür

1 **a)** Lies die Überschrift des folgenden Zeitschriftenartikels. Worum könnte es in dem Artikel gehen? Schreibe deine Vermutung in Stichwörtern auf.

____

____

b) Lies den Artikel und überprüfe deine Vermutung.

Yannik geht die Wände hoch

Mittwochs geht Yannik die Wände hoch. Hört sich nach Spiderman an. Der Zwölfjährige ist zwar nicht Spiderman. An der Wand hochgehen kann er trotzdem. Er macht nämlich seit zwei Jahren Sportklettern bei den Kletterfröschen in Köln. „Mein Freund Tom klettert auch, da bin ich erst mitgegangen, und dann habe ich die Gruppe von Kletterfrosch entdeckt", erzählt Yannik. Kletterfrosch Dimitri hatte ein Geburtstag in der Kletterhalle auf die Idee gebracht: „Früher habe ich Fußball gespielt, aber dazu hatte ich keine Lust mehr."

Das Training beginnt für die Gruppe mit Übungen zum Dehnen. „Meistens üben wir auch Kopfstand. Damit trainieren wir unser Gleichgewicht. Und dann gehen wir auch noch auf die Slackline", sagt Yannik. Die Slackline ist ein langes Band, das über den Boden gespannt ist. Darauf versuchen die Kinder zu balancieren. „Das ist ganz schön schwer", meint Pascal, und deshalb stützt er sich bei der Übung auch auf Dimitri ab.

16 Meter hoch sind die Wände, die die Kletterfans hochkraxeln. Das ist etwa so hoch wie ein Haus mit fünf Stockwerken. „Kinder und Erwachsene klettern dieselben

Routen", erklärt Nina. Sie ist zwölf. „Es gibt aber auch Routen, die eher für Kinder geschraubt sind, da sind die Abstände zwischen den Griffen nicht so groß", sagt sie. Eine geschraubte Route besteht aus bunten Plastikgriffen und -tritten, die an der Wand befestigt sind. Manche Wände sind ganz gerade, andere sind nach vorn geneigt. Das macht das Klettern schwieriger.

Ganz wichtig zum Klettern ist auch der Gurt. Daran befestigt Pascal nun mit einem Spezialknoten das Seil, mit dem ihn Dimitri festhält. Das Sicherungsseil läuft von Pascal nach oben an die Decke und wieder nach unten zu Dimitri.

Der hat das Sicherungsseil an seinem Klettergurt festgemacht. „Ich muss gucken, ob der Knoten richtig ist und ob der Gurt geschlossen ist", kontrolliert Dimitri.

Endlich kann Pascal losklettern. Sorgfältig sucht er Griffe und Tritte aus und steigt geübt die Wand hoch. Immer wenn er ein Stück geklettert ist, zieht Dimitri etwas Seil ein. So kann Pascal nie weit herunterfallen, wenn er abrutscht. Als er oben angekommen ist, gibt Dimitri langsam wieder Seil nach, bis Pascal sanft auf dem Boden landet.

Muss man zum Klettern eigentlich sehr stark sein? „Ne, dicke Muskeln braucht man zum Klettern nicht, sondern eher eine gute Klettertechnik", erklärt Yannik. Und Pascal fügt hinzu: „Als Kletterer muss man sich gut festhalten können und auch gelenkig sein. Die besonderen Kletterschuhe helfen auch ein wenig. Die sind ganz eng genäht. Damit kann man dann auch auf kleine Tritte oder in kleine Löcher treten." Nina meint schließlich: „Für mich ist das Beste am Klettern, dass man immer denkt, man schafft es nicht, und dann schafft man es doch."

2 **a)** Was ist eine Slackline (Z. 14)? Unterstreiche die Erklärung im Text.

b) Kreise weitere unbekannte Wörter im Text ein. Kläre ihre Bedeutung durch Nachdenken, Nachfragen oder Nachschlagen.

3 Ordne den folgenden sechs Überschriften die passenden Textabschnitte zu. Notiere die Zeilenangaben.

Übungen zu Trainingsbeginn	Z. ___ – ___
Einer klettert, einer sichert	Z. ___ – ___
Yannik macht Sportklettern	Z. 1 – 10
Sicherungstechnik: Gurt und Seil	Z. ___ – ___
Voraussetzungen zum Klettern	Z. ___ – ___
Unterschiedliche Kletterrouten	Z. ___ – ___

4 **a)** Mit wem wird Yannik im Text verglichen? Schreibe auf.

____

b) Welche Übungen werden am Anfang des Trainings gemacht? Unterstreiche im Text und kreuze an.

☐ Gymnastik ☐ Dehnungsübungen ☐ Lauftraining

☐ Kopfstand ☐ Gleichgewichtsübungen ☐ Balancieren

c) Wie hoch sind die Kletterwände? Notiere den Vergleich.

____

5 Würdest du gern einmal klettern? Sprecht darüber zu zweit und begründet eure Meinung.

Abenteuer am Biggesee

Die Klasse 6 a der St.-Barbara-Schule hat beschlossen, eine Abenteuer-Klassenfahrt zu buchen. Endlich sind die Informationen der Jugendherberge angekommen. Die Fahrt soll von Montag bis Freitag stattfinden und möglichst nicht mehr als 140 € pro Schüler kosten. In der Klasse herrscht Uneinigkeit darüber, welches Programm gebucht werden soll.

5-Tage-Programm für Abenteuer am Biggesee

Leistungen:

- 4 Übernachtungen und 5-Tage-Abenteuerprogramm: Preis pro Person ab 112 €

Abenteuerprogramm	
1. Tag	Vormittag: Anreise, Mittagessen, Begrüßung und Zimmereinteilung Nachmittag: Kanurallye auf dem Biggesee
2. Tag	Vormittag: Angeln mit selbst gebastelten Angelruten Nachmittag: Überlebenstraining im Wald Abend: Nachtwanderung
3. Tag	Vormittag: Teamprojekt Floßbau Nachmittag: Fahrt auf dem Biggesee mit selbst gebauten Flößen
4. Tag	Vormittag: Teamprojekt Seilbrückenbau Nachmittag: Klettern an Hochseilgarten-Stationen und Abseilaktion
5. Tag	Vormittag: Klettern auf Bäumen mit Seil und Wurfanker Nachmittag: Abreise

Alternativ kann gebucht werden:

- ein reines Wasserprogramm (Bau von Flößen, Kanu fahren, Paddeltechniken)

- ein reines Kletterprogramm (mit Besuch des Hochseilgartens und einer Kletterhalle sowie Outdoor-Kletteraktionen)

Leistung	Preis pro Schüler
Übernachtung in der Jugendherberge	
4 Übernachtungen, Vollpension	119 €
Übernachtung in den Selbstversorger-Hütten	
4 Übernachtungen (ohne Lebensmittel)	73 €
4 Übernachtungen (mit gestellten Lebensmitteln)	99 €
Programm	
5-Tage-Abenteuerprogramm (Mischprogramm)	39 €
5-Tage-Wasserprogramm	31 €
5-Tage-Kletterprogramm	34 €

1 Lies die Einleitung auf Seite 50. Welche Fragen zur Planung der Klassenfahrt werden beantwortet?

a) Kreise die passenden Fragewörter ein.

Wer? *Wohin?* *Was?* *Wann?* *Wie lange?*

Weshalb? *Wie teuer?*

b) Trage die eingekreisten Fragewörter in die Tabelle ein und schreibe jeweils die Antwort daneben.

Wer?	Klasse 6 a der St.-Barbara-Schule

2 Sieh dir das Informationsmaterial auf Seite 50 und 51 an.

a) Woher könnte dieses Informationsmaterial stammen? Kreuze an.

☐ Internetseite ☐ Abenteuerbuch ☐ Brief ☐ Prospekt

b) Aus welchen Bestandteilen besteht der Text des Informationsmaterials? Kreuze an.

☐ Überschrift ☐ Diagramm

☐ Schaubild ☐ Abbildung/Foto

☐ Tabellen ☐ stichpunktartige Informationen

c) Was könntest du tun, um weitere Informationen über die Alternativprogramme zu erhalten? Notiere Stichwörter.

3 Die Schülerinnen und Schüler der Klasse 6 a interessieren sich für unterschiedliche Programme. Das Abenteuerprogramm soll allen etwas bieten.

a) Welche Aktivitäten des Abenteuerprogramms sind für Schüler geplant, die Abenteuer am Wasser erleben wollen? Markiere auf Seite 50 blau.

b) Welche Aktivitäten werden für Schüler organisiert, die gern klettern? Markiere auf Seite 50 grün.

4 Die fünf Tage am Biggesee sollen nicht über 140 € pro Schüler kosten. Welche Übernachtungsmöglichkeiten können gebucht werden? Markiere auf Seite 51 gelb.

5 Es gibt unterschiedliche Wünsche und Erwartungen an die Klassenfahrt.

- ☐ Marie: „Ich möchte auf keinen Fall selber kochen!“
- ☐ Ben: „Ich wollte schon immer mal ein Floß bauen.“
- ☐ Maja: „Ich habe Höhenangst und möchte nicht klettern.“

a) Welcher Wunsch kann auf Grund des Preises nicht erfüllt werden? Kreuze an.

b) Was muss gebucht werden, um die einzelnen Wünsche zu erfüllen? Verbinde die Sätze durch Linien.

Maries Wunsch lässt sich nur erfüllen,		bei Buchung des Wasserprogramms.
Bens Wunsch kann nur erfüllt werden,		wenn die Übernachtung mit Vollpension gebucht wird.
Majas Wunsch wird nur erfüllt		wenn das Wasser- oder das Abenteuerprogramm gebucht wird.

1 **a)** Lies die Überschrift des folgenden Textes. Was erwartest du von dem Text? Formuliere einen Satz.

Ich erwarte von dem Text, dass

b) Sieh dir die Abbildung auf Seite 55 genau an und lies den Text.

Kompass – so kommst du draußen zurecht

Für Wanderungen braucht man eigentlich nur feste Schuhe und eine Brotzeit. Wegweiser stehen meistens viele herum. Wanderkarte eingepackt, und ab geht's. Aber was ist, wenn man wo hinwill, wo es keine Wegweiser gibt? Noch nicht mal Wege?

Mit Karte und Kompass kommst du trotzdem an. Zwei Sachen solltest du vorher wissen: Auf einer Landkarte ist Norden immer oben. Und die Kompassnadel zeigt immer nach Norden.

So benutzt man einen Kompass

- Suche auf der Karte, wo genau du bist und wo du hinwillst. Markiere dein Ziel (z. B. mit einem Kreuz).
- Lege jetzt den Kompass auf die Karte, und zwar so, dass die Kompassnadel vom Start zum Ziel zeigt. (Drehe dazu die Karte unter dem Kompass.)
- Drehe den Skalenring auf dem Kompass so lange, bis das N für „Norden" dorthin zeigt, wo auch auf der Karte Norden ist.
- Der Pfeil auf dem Kompassgehäuse zeigt dir auf dem Skalenring eine Zahl. Das ist der Winkel, in dem dein Weg zum Ziel von der Nordrichtung abweicht. Merke dir die Zahl.

- Finde nun die Richtung heraus, in die du gehen musst. Nimm dazu den Kompass in die Hand, strecke den Arm aus und drehe dich so lange, bis die Kompassnadel genau auf das N des Skalenrings zeigt. Die Zahl auf dem Skalenring, die du dir gemerkt hast, zeigt in die Richtung, in der das Ziel liegt.

Einen Kompass selbst bauen

Ohne einen richtigen Marschkompass geht man auch nicht gleich verloren. Wenn du eine Nähnadel und etwas Toilettenpapier dabeihast und eine Pfütze findest, kannst du schnell einen „Naturkompass" bauen.

- Lade die Nadel elektrisch auf, indem du sie ein paar Mal schnell an einem Fleece-Pullover reibst. Halte sie dabei am Kopf (das ist dort, wo das Loch zum Einfädeln ist), und zieh sie zu dir her. Die Nadel ist jetzt magnetisch und funktioniert wie eine Kompassnadel.
- Lege die Nadel auf einen dünnen Fetzen Toilettenpapier und lege beides in eine Pfütze. Das Papier sollte untergehen, die Nadel schwimmen. Der Kopf der Nadel zeigt nun nach Norden.
- Wenn es bei trockenem Wetter keine Pfützen gibt, kannst du eine Kuhle in den Boden scharren, mit einer Regenjacke auslegen und Wasser aus deiner Trinkflasche reinschütten. Fertig ist die künstliche Pfütze!

2 Lies den Text Seite 54 bis 55 noch einmal und markiere Schlüsselwörter.

3 Welche zwei grundlegenden Dinge solltest du wissen, wenn du Karte und Kompass benutzt?
Unterstreiche sie im Text rot.

4 Welche der folgenden Aussagen sind richtig?
Kreuze an und ergänze die Zeilenangaben der Textstelle.

☐	Wenn man einen Kompass benutzen möchte, sollte man zuerst auf der Karte markieren, wo man ist.	Z. ___ – ___
☐	Man muss den Kompass so auf die Karte legen, dass die Nadel vom Start zum Ziel zeigt.	Z. ___ – ___
☐	Das N auf dem Skalenring muss dorthin zeigen, wo auf der Karte Norden ist.	Z. ___ – ___
☐	Die Zahl auf dem Skalenring zeigt, wie weit es noch ist.	Z. ___ – ___
☐	Ich muss mich drehen, bis die Nadel auf das N auf dem Skalenring zeigt.	Z. ___ – ___
☐	Das N auf dem Skalenring zeigt die Richtung, in die ich gehen muss.	Z. ___ – ___

5 Probiere es einmal aus, einen „Naturkompass“ zu bauen. Was benötigst du dazu? Markiere die Dinge im Text und notiere sie.

Nähnadel ______________________ ______________________

______________________ ______________________

______________________ ______________________

SEITE 25

2 a) *Folgende Nomen müsstest du im Gedicht markiert haben:*

Vers 1:	Meeresmuschel	Vers 14:	Blätter, Baum, Vögel
Vers 5:	Muschel	Vers 16:	Meeresmuschel
Vers 6:	Meer	Vers 19:	Stimmen, Wasser
Vers 7:	Meer, Meere	Vers 20:	Stimmen, Wind
Vers 8:	Meeren	Vers 21:	Geschichten
Vers 9:	Insel	Vers 22:	Seesternen, Mondfinsternissen
Vers 10:	Sand, Häusern	Vers 23:	Schiffen, Ende, Welt
Vers 11:	Haus	Vers 24:	Muschel, Ferne
Vers 12:	Baum	Vers 26:	Enden
Vers 13:	Baum, Junge	Vers 28:	Händen

3 a) *Diese Abschnitte solltest du eingezeichnet haben:*
1. Abschnitt: Vers 1–4
2. Abschnitt: Vers 5–15
3. Abschnitt: Vers 16–23
4. Abschnitt: Vers 24–28

3 b) *Diese Reimwörter solltest du eingekreist haben:*
Enden (Vers 26), Händen (Vers 28)

5 *So könnte ein Akrostichon lauten:*
Meterhohe Wellen
Eine frische Meeresbrise
Ein kleines rotes Boot
Richtung Südsee.

So könnte ein Haiku lauten:
Ein Sturm auf dem Meer
wütend wirbelt er herum
und das Meer tobt sehr

So könnte ein Elfchen lauten:
Meer
viel mehr
als nur Wasser
riechst du das Salz?
wunderbar

SEITE 29

2 *So könnten deine zwei Sätze lauten:*
Das Besondere an diesem Roman ist, dass man ihn nicht von vorn bis hinten durchliest.

Der Aufbau des Romans erinnert mich an ein Computerspiel, bei dem man unterschiedliche Wege einschlagen und so in verschiedene Welten gelangen kann.

3 a) *Folgende Informationen zu den W-Fragen solltest du markiert haben:*

Wer?
- Du (Z. 1)
- Doktor Carleton Frisbee (Z. 3–4)

Wo?
- an Deck eines großen Schiffs, das von San Francisco in den Pazifik ausläuft (Z. 1–2)
- auf einer riesigen Sanddüne (Z. 28)

Was?
- Expedition zu den Galapagos-Inseln (Z. 4–5)

Wann?
- eines Tages (Z. 8)

Was passiert?
- eine riesige Welle auf das Schiff zukommt (Z. 10–11)
- wirst du über Bord gespült (Z. 18)

Wie endet der Auszug?
- aus einem tiefen Schlaf aufwachst (Z. 24–25)
- bist du ganz allein (Z. 35)

3 b) *So könnten deine Stichwörter lauten:*

Wer?	– du, Dr. Carleton Frisbee
Wo?	– auf einem großen Schiff auf dem Pazifik
Was?	– Expedition zu Galapagos-Inseln
Wann?	– eines Tages
Was passiert?	– mit großer Welle über Bord
Wie endet der Auszug?	– allein auf Sanddüne

SEITE 30

4 b) *Wenn du dich für die Möglichkeit C entscheidest, dann könnte dein Cluster so aussehen:*

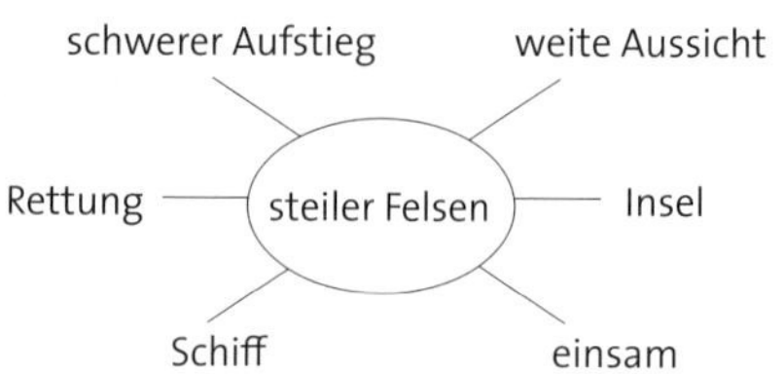

4 c) *So könnte eine Fortsetzung für die Möglichkeit C lauten:*
Du nimmst all deinen Mut zusammen und kletterst auf die steilen Felsen. Mit letzter Kraft erreichst du den Gipfel. Von dort hast du eine weite Aussicht. Du siehst, dass du dich auf einer kleinen Insel befindest.

Du setzt dich hin, schaust in die Ferne und überlegst, was du jetzt machen sollst. Noch nie hast du dich so allein auf der Welt gefühlt. Plötzlich taucht ein Schiff am Horizont auf. Du springst auf, winkst mit beiden Armen und schreist, so laut es geht. Und das Schiff steuert tatsächlich auf die Insel zu. Du bist gerettet!

SEITE 34

3 *Folgende Adjektive solltest du eingekreist haben:*
traurig, dankbar, einsam, hoffnungslos

4 a) und c) *So könnte deine Tabelle aussehen:*

Abschnitt	Was macht Robinson am ersten Tag?
1. Abschnitt Z. 12–17	Robinson sieht das Schiff und plant, Sachen vom Schiff zu holen.
2. Abschnitt Z. 18–25	Robinson schwimmt zum Schiff.
3. Abschnitt Z. 26–31	Robinson klettert auf das Schiff.
4. Abschnitt Z. 32–35	Robinson sucht nach nützlichen Dingen.
5. Abschnitt Z. 36–39	Robinson baut ein Floß.
6. Abschnitt Z. 40–50	Robinson findet nützliche Dinge und bringt sie an Land.
7. Abschnitt Z. 51–56	Robinson erkundet die Insel.
8. Abschnitt Z. 57–60	Robinson baut sich eine Hütte für die Nacht.

SEITE 35

5 a) *Folgende Dinge solltest du angekreuzt haben:*
Essen, Kleidung, Werkzeug, Waffen, Schießpulver, zwei Katzen, einen Hund, Geld, Gold und Silber

6 *So könnte deine Erklärung lauten:*
Er bezeichnet Geld als „Droge", weil die Menschen von Geld abhängig sind. Aber auf der Insel ist Geld nicht wichtig, weil es keinen Menschen gibt, von dem er etwas kaufen kann.

SEITE 38

8 a) und b) *So könnte deine Tabelle aussehen:*

Abschnitt	Wie organisiert Robinson sein neues Leben?
1. Abschnitt Z. 71–77	Robinson denkt über eine Wohnung nach.
2. Abschnitt Z. 78–90	Er baut sich eine Festung aus einem Zelt, einem Zaun und einer Höhle.
3. Abschnitt Z. 91–93	Robinson entdeckt Ziegen.
4. Abschnitt Z. 94–102	Robinson baut sich einen Kalender.
5. Abschnitt Z. 103–105	Robinson schreibt eine Liste über seine Situation.

9 *Folgende Textstelle solltest du unterstrichen haben:*
erstens Gesundheit und Trinkwasser, zweitens Schutz vor Sonne, drittens Sicherheit vor räuberischen Lebewesen, ob Mensch oder Tier, viertens den Ausblick aufs Meer, um keine Möglichkeit auf Rettung zu verpassen (Seite 36, Z. 74–77)

10 *So könnte deine Skizze aussehen:*

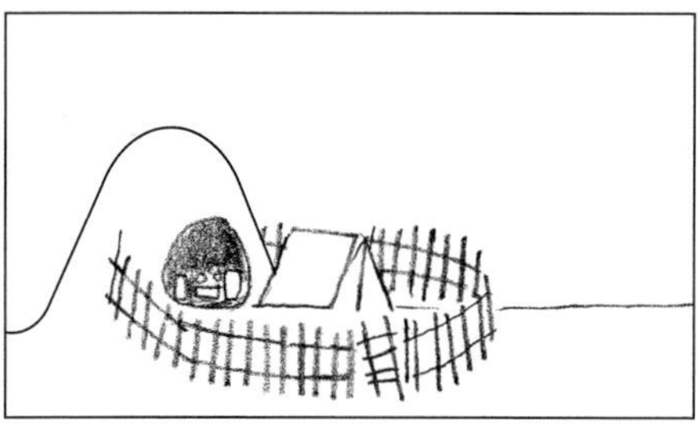

SEITE 39

11 *So könnte deine Liste aussehen:*

schlecht	gut
Ich bin auf einer fürchterlich einsamen Insel gestrandet.	Aber ich lebe und bin nicht wie alle meine Freunde ertrunken.
Ich bin von der menschlichen Gesellschaft abgeschnitten.	Aber ich habe Essen und eine sichere Unterkunft.
Ich habe nicht genug zum Anziehen.	Aber das Wetter ist warm, sodass ich nicht viel Kleidung brauche.
Es gibt keine Menschen auf der Insel.	Aber so brauche ich auch keine Angst vor Feinden zu haben.
Ich kann mit niemandem sprechen.	Aber ich habe Haustiere.

SEITE 42

2 b)
der Leib (Z. 9) – der Körper
die Finsternis (Z. 13) – die Dunkelheit
die Possen (Z. 18) – Späße, Streiche
der Triller (Z. 20) – ein Tanz
die Harpunen (Z. 25) – Waffen zum Fischfang
die Quantität (Z. 27) – die Menge
die Extremitäten (Z. 33) – das, was am Körper rausragt

3 Die Erzählung ist eine Lügengeschichte.

4 a) und b)

Einleitung:	Hauptteil:	Schluss:
Z. 1–5	Z. 6–49	Z. 50–59
	Höhepunkt: Z. 28–34	

5 a) *Folgende Informationen zu den W-Fragen solltest du unterstrichen haben:*

Wer?
- ich (Z. 1)
- großen Fisch (Z. 4)
- Mannschaft eines vorbeisegelnden italienischen Handelsschiffes (Z. 23–24)

Wann?
- an einem Sommernachmittag (Z. 2)

Wo?
- im Mittelmeer (Z. 1)
- unweit von Marseille (Z. 3)

Was passiert?
- großen Fisch mit weit aufgesperrtem Rachen in der größten Geschwindigkeit auf mich zuschießen sah (Z. 4–5)
- drückte ich mich so klein zusammen (Z. 7–8)
- schlüpfte ich denn gerade zwischen seinen Kiefern hindurch bis in den Magen (Z. 10–11)
- Magendrücken verursachen (Z. 14–15)
- versuchte, einen schottischen Triller zu tanzen (Z. 20)
- erhob sich fast senkrecht mit seinem halben Leib aus dem Wasser (Z. 21–22)
- von der Mannschaft eines vorbeisegelnden italienischen Handelsschiffes entdeckt (Z. 23–24)
- mit Harpunen erlegt (Z. 25)
- aufschneiden wollten (Z. 27)
- schrie ich ihnen aus voller Lunge entgegen (Z. 37–38)
- einen nackten Menschen herausspazieren sahen (Z. 44–45)
- ich erzählte ihnen die ganze Begebenheit (Z. 46–47)

Wie endet die Erzählung?
- schwamm ich weg, um meine Kleider zu suchen, die ich auch am Ufer ebenso wiederfand, als ich sie gelassen hatte (Z. 53–56)

6 a) und b)

X	Der Erzähler bringt den Fisch dazu, sich vor Schmerzen aus dem Wasser zu erheben, sodass er entdeckt und gefangen wird.	3
	Der Erzähler kitzelt den Fisch mit seinen Haaren.	
X	Der Erzähler verursacht dem Fisch durch Tritte Magenschmerzen.	1
	Der Erzähler kramt sein Taschenmesser hervor und schneidet dem Fisch den Bauch auf.	
X	Der Erzähler beunruhigt den Fisch durch einen Tanz in seinem Bauch.	2

7 a) *Diese Textstellen solltest du in der Erzählung blau unterstrichen haben, weil sie wahr sein könnten:*

- Einst war ich in großer Gefahr, im Mittelmeer umzukommen. Ich badete nämlich an einem Sommernachmittag unweit von Marseille in der angenehmen See (Z. 1–3)
- wurde er aber von der Mannschaft eines vorbeisegelnden italienischen Handelsschiffes entdeckt und in wenigen Minuten mit Harpunen erlegt (Z. 23–25)
- Nachdem ich einige Erfrischungen zu mir genommen hatte und in die See gesprungen war, um mich abzuspülen, schwamm ich weg, um meine Kleider zu suchen, die ich auch am Ufer ebenso wiederfand, als ich sie gelassen hatte. (Z. 50–56)

Diese Textstellen solltest du in der Erzählung rot unterstrichen haben, weil sie eindeutig erfunden sind:

- als ich einen großen Fisch mit weit aufgesperrtem Rachen in der größten Geschwindigkeit auf mich zuschießen sah (Z. 3–5)
- In dieser Stellung schlüpfte ich denn gerade zwischen seinen Kiefern hindurch bis in den Magen hinab. (Z. 10–11)
- Weil es mir gar nicht an Raum fehlte, so spielte ich ihm durch Tritt und Schritt, durch Hopp und Heh gar manchen Possen. Nichts schien ihn aber mehr zu beunruhigen als die schnelle Bewegung meiner Füße, da ich versuchte, einen schottischen Triller zu tanzen. (Z. 16–20)
- Daher stellte ich mich so gut wie möglich in die Mitte des Magens, worin für mehr als ein Dutzend Mann hinlänglich Platz war (Z. 30–32)
- Sobald ich nun nur ein wenig Licht schimmern sah, schrie ich ihnen aus voller Lunge entgegen, wie angenehm es mir wäre, die Herren zu sehen und durch sie aus einer Lage erlöst zu werden (Z. 36–39)
- sie lang und breit einen nackten Menschen herausspazieren sahen (Z. 44–45)

SEITE 46

3

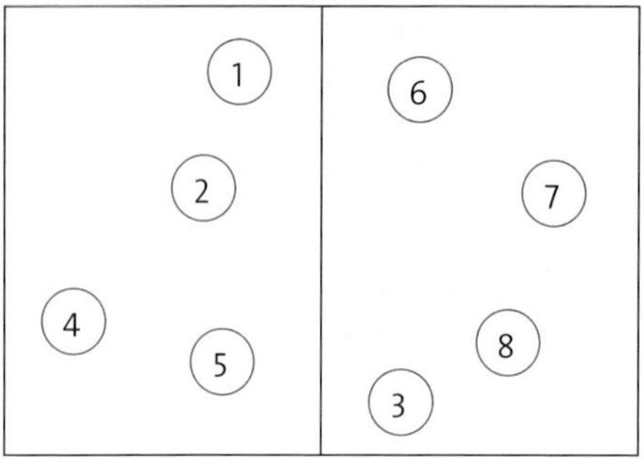

4 *Folgende Adjektive könntest du einkreisen:*
heiter, lustig, spannend

5 a) *Folgende Reimwörter solltest du markiert haben:*

1. Strophe:
Piraten (V. 1) – Akrobaten (V. 2)
Pluderhosen (V. 3) – Rosen (V. 4)

2. Strophe:
Flammenkünste (V. 5) –
Feuersbrünste (V. 6)
Spiritus (V. 7) – Muskatnuss (V. 8)

3. Strophe:
Luft (V. 9) – Blütenduft (V. 10)
Falter (V. 11) – Sockenhalter (V. 12)

4. Strophe:
Taschen (V. 13) – Flaschen (V. 14)
Ozean (V. 15) – Orkan (V. 16)

5. Strophe:
Schrank (V. 17) – Ofenbank (V. 18)
Katze (V. 19) – Tatze (V. 20)

6. Strophe:
Orkan (V. 21) – Ozean (V. 22)
Regel (V. 23) – Segel (V. 24)

7. Strophe:
Schiff (V. 25) – Korallenriff (V. 26)
her (V. 27) – Meer (V. 28)

8. Strophe:
Piraten (V. 29) – Wundertaten (V. 30)
Schrank (V. 31) – Ofenbank (V. 32)
Katze (V. 33) – Tatze (V. 34)

5 b) Paarreim

SEITE 49

2 a) *Folgende Textstelle solltest du unterstrichen haben:*
Die Slackline ist ein langes Band, das über den Boden gespannt ist. Darauf versuchen die Kinder zu balancieren. (Z. 14–16)

3

Übungen zu Trainingsbeginn	Z. 11–18
Einer klettert, einer sichert	Z. 38–47
Yannik macht Sportklettern	Z. 1–10
Sicherungstechnik: Gurt und Seil	Z. 29–37
Voraussetzungen zum Klettern	Z. 48–57
Unterschiedliche Kletterrouten	Z. 19–28

4 a) Yannik wird mit Spiderman verglichen.

4 b) *Folgende Textstellen solltest du unterstrichen haben:*
- Übungen zum Dehnen (Z. 11–12)
- Kopfstand (Z. 12)
- gehen wir auch noch auf die Slackline (Z. 13–14)
- balancieren (Z. 16)

Folgende Übungen solltest du angekreuzt haben:
Dehnungsübungen, Kopfstand, Gleichgewichtsübungen, Balancieren

4 c) *Das solltest du notieren:*
Die Kletterwände sind etwa so hoch wie ein Haus mit fünf Stockwerken.

SEITE 52

1 a) *Folgende Fragewörter solltest du eingekreist haben:*
Wer?, Was?, Wie lange?, Wie teuer?

1 b)

Wer?	Klasse 6 a der St.-Barbara-Schule
Was?	Abenteuer-Klassenfahrt
Wie lange?	von Montag bis Freitag
Wie teuer?	nicht mehr als 140 € pro Schüler

2 a) Internetseite, Prospekt

2 b) Überschrift, Abbildung/Foto, Tabellen, stichpunktartige Informationen

2 c) *Diese Stichwörter könntest du notieren:*
im Internet recherchieren, telefonieren

SEITE 53

3 a) *Diese Aktivitäten solltest du blau markiert haben:*
1. Tag: Kanurallye auf dem Biggesee
2. Tag: Angeln mit selbst gebastelten Angelruten
3. Tag: Teamprojekt Floßbau, Fahrt auf dem Biggesee mit selbst gebauten Flößen

3 b) *Diese Aktivitäten solltest du grün markiert haben:*
4. Tag: Teamprojekt Seilbrückenbau, Klettern an Hochseilgarten-Stationen und Abseilaktion
5. Tag: Klettern auf Bäumen mit Seil und Wurfanker

4 *Diese Übernachtungsmöglichkeiten solltest du gelb markiert haben:*
Übernachtung in den Selbstversorger-Hütten:
4 Übernachtungen (ohne Lebensmittel)
4 Übernachtungen (mit gestellten Lebensmitteln)

5 a) Maries Wunsch kann auf Grund des Preises nicht erfüllt werden.

5 b) *Die richtigen Sätze lauten:*
Maries Wunsch lässt sich nur erfüllen, wenn die Übernachtung mit Vollpension gebucht wird.
Bens Wunsch kann nur erfüllt werden, wenn das Wasser- oder das Abenteuerprogramm gebucht wird.
Majas Wunsch wird nur erfüllt bei Buchung des Wasserprogramms.

SEITE 56

3 *Diese Textstelle solltest du rot unterstrichen haben:*
Auf einer Landkarte ist Norden immer oben. Und die Kompassnadel zeigt immer nach Norden. (Z. 7–9)

4 *Diese drei Aussagen sind richtig:*
Man muss den Kompass so auf die Karte legen, dass die Nadel vom Start zum Ziel zeigt. (Z. 12–13)
Das N auf dem Skalenring muss dorthin zeigen, wo auf der Karte Norden ist. (Z. 16–17)
Ich muss mich drehen, bis die Nadel auf das N auf dem Skalenring zeigt. (Z. 24–25)

5

Nähnadel	Fleece-Pullover
Toilettenpapier	Regenjacke
Pfütze	Trinkflasche (mit Wasser)

Sabine Döscher

SEITE 4

1 *So könnte dein Cluster aussehen:*

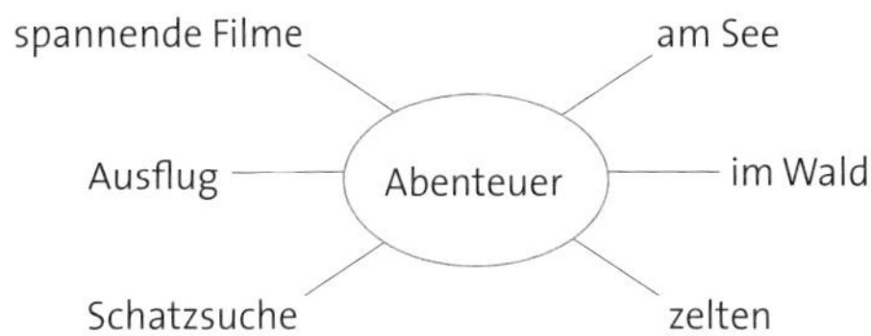

SEITE 5

2 *So könnte deine Überschrift lauten:*
Umfrage zum Begriff „Abenteuer“

3 spannende Erlebnisse

4 *Folgende zwei Aussagen sind richtig:*
- 26 von 100 Schülerinnen und Schülern denken bei „Abenteuer“ an Unternehmungen im Wald, in den Bergen oder am Meer.
- 15 von 100 Schülerinnen und Schülern finden, dass es ein Abenteuer ist, wenn man Gefahren durchleben muss.

6 Kreisdiagramm

SEITE 6

1 In einem Lexikonartikel wird der Begriff „Abenteuer“ genau erklärt.

SEITE 7

4 *Das könntest du im Text markiert und unterstrichen haben:*
Abenteuer (lat.: adventura = Ereignis; mittelhochdt.: aventiure).
Als Abenteuer wird eine Unternehmung bezeichnet, die risikoreich und gefährlich ist. Der Begriff wird weiterhin verwendet für Erlebnisse, die sich stark vom Alltag unterscheiden.
Ein Abenteuer kann auch ein Bericht von einem solchen Erlebnis oder einer solchen Unternehmung sein. Dabei muss das, was berichtet wird, nicht wirklich geschehen sein.
Die Risiken und Gefahren bei einem Abenteuer machen den Verlauf spannend und den Ausgang ungewiss.
Eine Person, die ein Abenteuer durchsteht, meistert oder durchlebt, nennt man Abenteurer.

Es gibt viele aufgeschriebene und schon sehr alte Abenteuer. Hierzu gehören z. B. die mittelalterlichen Erzählungen von Ritter- und Heldentaten.
Vor allem Entdeckungsreisen sind auch immer zugleich Abenteuer gewesen. Als Beispiele seien hier die Fahrten der Spanier und Portugiesen genannt, die zur Entdeckung Amerikas und der Philippinen geführt haben. Heute wird die Raumfahrt oft als „größtes Abenteuer der Menschheit" bezeichnet.
In der Literatur kommt das Abenteuer in Form von Abenteuerromanen vor.

5 *So könnte deine Mindmap aussehen:*

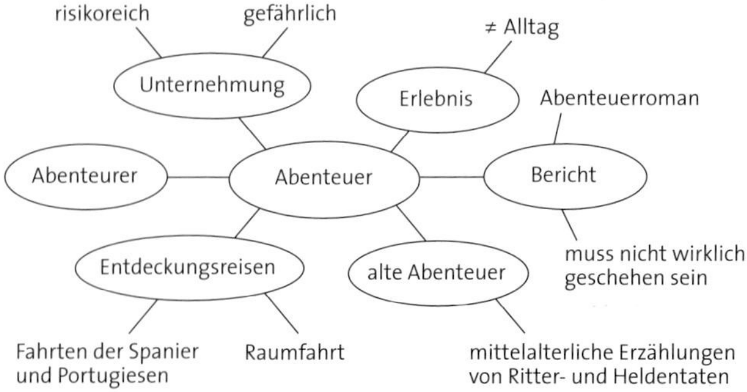

SEITE 8

1 *Folgende Namen solltest du markiert haben:*
Riccio (Z. 6), Mosca (Z. 9), Bo (Z. 18), Prosper (Z. 18), Herr der Diebe/Scipio (Z. 24), Wespe (Z. 40)

SEITE 11

2 a) *Folgende Informationen solltest du im Text unterstrichen haben:*
Riccio:
- Matratze war bedeckt mit zerfledderten Comic-Heften, und in seinem Schlafsack steckten so viele Stofftiere, dass er gerade noch selbst hineinpasste. (Z. 6–9)

Mosca:
- Moscas Bett erkannte man an der Werkzeugkiste und den Angelruten (Z. 9–10)
- Außerdem lag unter seinem Kissen sein größter Schatz, sein Glücksbringer: ein kupfernes Seepferd (Z. 11–12)

Bo und Prosper:
- teilten sich eine Matratze (Z. 18)
- Neben dem Kopfende lag, sorgfältig aufgereiht, Bos Plastikfächersammlung: sechs Stück (Z. 19–21)

Herr der Diebe/Scipio:
- schlief nie bei seinen Schützlingen im Sternenversteck (Z. 24–25)

Wespe:
- aus ihren Bücherbergen (Z. 45)

2 b)

Riccio: Comic-Hefte, Stofftiere

Mosca: Werkzeugkiste, Angelruten, kupfernes Seepferd

Bo: Plastikfächer

Wespe: Bücher

SEITE 12

3 a) Herr der Diebe/Scipio

3 b) *Die richtige Antwort lautet:*
Niemand weiß, wo der Anführer schläft, weil er nie darüber spricht. (Z. 25–26)

4 *Die richtige Antwort lautet:*
Sie fühlen sich klein und verloren in der Dunkelheit. (Z. 1–5)

5 a) *Diese Stelle solltest du unterstrichen haben:*
Sonst tat sie das, damit sie einschliefen, um die Angst vor den Träumen zu verscheuchen, die in der Dunkelheit auf sie warteten. Aber an diesem Abend las Wespe, um sie wach zu halten, bis Scipio endlich kam. (Z. 40–44)

5 b) *So könntest du schreiben:*
Wespe liest vor, damit die Kinder nicht einschlafen, bevor Scipio kommt.

SEITE 16

7 *So könnten deine Sätze lauten:*

Abschnitt S. 13–14, Z. 84–120	Der Herr der Diebe kommt ins Kino.
Abschnitt S. 14–15, Z. 121–149	Er weckt die Kinder, und sie begrüßen ihn.
Abschnitt S. 15–16, Z. 150–174	Er berichtet von seinem Einbruch im Palazzo Contarini.

8 *Dies könnten deine Fragen sein:*
Wie ist Scipio in das Kino gekommen?
Warum darf nur Bo den Herrn der Diebe Scip nennen?
Was hat Scipio in seinem Beutel?

SEITE 17

9 a) *Diese Informationen zu Scipio solltest du im Text unterstrichen haben:*
- schmale Gestalt (Z. 86)
- Kinn und Mund leuchteten hell unter der schwarzen Maske, die Scipios Augen verbarg. Die lange, gekrümmte Nase gab ihm das Aussehen eines gespenstischen Vogels. (Z. 87–90)
- mit schlanken Fingern (Z. 109–110)
- das pechschwarze Haar (Z. 110)
- Es war so lang, dass er es meistens zu einem Zopf zusammenband. (Z. 110–111)
- Er war kaum älter als Prosper (Z. 114)
- gern den Erwachsenen spielte (Z. 114–115)
- ein ganzes Stück kleiner als Mosca (Z. 115)
- mit den hochhackigen Stiefeln, die er immer trug. Viel zu groß waren sie ihm, aber immer auf Hochglanz poliert, schwarze Lederstiefel, schwarz wie die seltsame lange Jacke, ohne die man ihn nie zu Gesicht bekam. Die Schöße reichten ihm bis an die Kniekehlen. (Z. 116–120)

9 b)

Steckbrief: Herr der Diebe

Name:	Scipio
Alter:	– kaum älter als Prosper (12–13 Jahre)
Aussehen:	– schmale Gestalt – schlanke Finger – pechschwarzes, langes Haar (Zopf) – kleiner als Mosca
Kleidung:	– hochhackige, schwarze Lederstiefel – schwarze, lange Jacke mit Schößen
Verhalten:	– spielt gern den Erwachsenen
Besonderes Merkmal:	– trägt schwarze Maske

SEITE 18

10 a) *Diese Namen solltest du markiert haben:*
Prosper (Z. 84, 95, 100, 114, 122, 129, 145)
Riccio (Z. 84, 143)
Bo (Z. 100, 134, 136)

Mosca (Z. 115, 124, 128)
Wespe (Z. 122, 145)

10 b) *Diese Textstellen solltest du unterstrichen haben:*

Prosper:

- „Irgendwann erschreckst du noch jemanden zu Tode mit dieser Maske", sagte er mit gesenkter Stimme. „Wie hast du dich wieder hier reingeschlichen? Diesmal hatten wir wirklich alles verriegelt." (Z. 102–108)
- Prosper beachtete ihn einfach nicht. (Z. 122–123)

Mosca:

- „Mich habt ihr schon geweckt!", brummte Mosca hinter ihnen und richtete sich gähnend zwischen seinen Angelruten auf. „Schläfst du nie, Herr der Diebe?" (Z. 124–126)

Bo:

- „Hallo, Scip!" Bo krabbelte so hastig aus seinem Schlafsack, dass er fast über die eigenen Hände stolperte. Barfuß rannte er auf Scipio zu. (Z. 134–136)
- „Was hast du diesmal gestohlen?", fragte er aufgeregt. Wie ein junger Hund sprang er um Scipio herum. (Z. 138–139)

Riccio:

- „Hatten wir diesmal alles richtig ausgekundschaftet?", fragte Riccio und kroch zwischen seinen Stofftieren hervor. „Sag schon." (Z. 142–144)

Wespe:

- „Irgendwann küsst er ihm noch die Stiefel!", murmelte Wespe, so leise, dass nur Prosper es hörte. „Aber ich für meinen Teil wäre froh, wenn der feine Herr nicht so oft mitten in der Nacht auftauchen würde." Sie warf Scipio einen nicht sehr freundlichen Blick zu, als sie die dünnen Beine in ihre Stiefel zwängte. (Z. 144–149)

10 c) *So sollte deine Figurenskizze aussehen:*

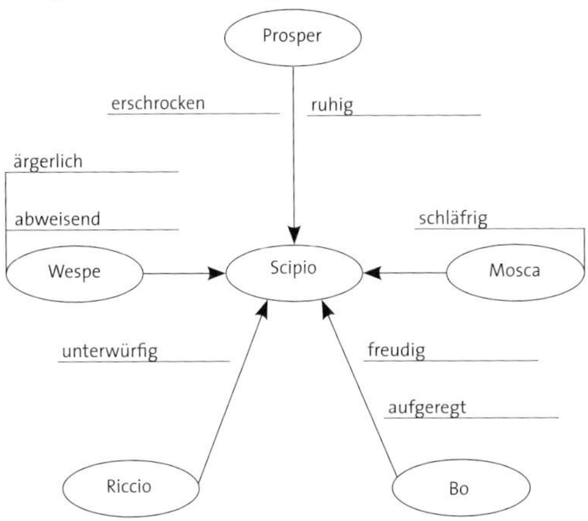

SEITE 21

3 *So könntest du schreiben:*
Benno sucht nach Informationen über den Ort von Störtebekers Schatz.

SEITE 22

5 *So könnten deine Überschriften lauten:*

1. Abschnitt (Z. 1–21)	Bennos Buch
2. Abschnitt (Z. 22–31)	Der Seeräuber Störtebeker
3. Abschnitt (Z. 32–50)	Die Geschichte von der Hinrichtung
4. Abschnitt (Z. 51–58)	Störtebekers Schatz

6 Die Erzählung ist in der Ich-Form geschrieben.

7 a) *Folgende Informationen müsstest du unterstrichen haben:*
- der vor gut 500 Jahren die Hamburger Schiffe gekapert und dabei unermessliche Schätze erbeutet hatte, bis sein Schiff in der Elbmündung von einer Hamburger Kriegskogge geentert wurde (Z. 24–27)
- wurde gefangen und mit seinen Gefährten auf dem Grasbrook hingerichtet (Z. 27–29)

7 b) *So sollten deine Stichwörter lauten:*
Der Seeräuber Störtebeker
- kaperte vor 500 Jahren Hamburger Schiffe
- erbeutete Schätze
- Schiff wurde in Elbmündung von Hamburger Kriegskogge geentert
- wurde gefangen und hingerichtet

SEITE 23

7 c) *Folgende Suchwörter könntest du kombinieren:*
Seeräuber, Störtebeker, Leben, Hamburg

8 *Du solltest auf der Karte die Insel Pagensand finden und ankreuzen.*

9 *Dies könnten deine Ideen sein:*
- Kinder graben nach Schatz auf Insel
- finden kleines Schiff aus Gold
- Experte: Schiff sehr alt
- Schiff ins Museum für Hamburgische Geschichte
- Kinder: Auszeichnung, Finderlohn